내가 바울을
사랑하는
30가지 이유

WHY I LOVE THE APOSTLE PAUL: 30 REASONS

Copyright ⓒ 2019 by Desiring God
Published by Crossway
a publishing ministry of Good News Publishers
Wheaton, Illinois 60187, U.S.A.

This edition published by arrangement with Crossway through rMaeng2, Seoul, Republic of Korea. All rights reserved.

This Korean Edition Copyright ⓒ 2019 by Word of Life Press, Seoul, Republic of Korea.

이 한국어판의 저작권은 알맹2 에이전시를 통하여
Crossway와 독점 계약한 생명의말씀사에 있습니다. 신 저작권법에 의하여
한국 내에서 보호 받는 저작물이므로 무단 전재와 무단 복제를 금합니다.

내가 바울을 사랑하는 30가지 이유

ⓒ 생명의말씀사 2019

2019년 9월 27일 1판 1쇄 발행
2021년 4월 9일   3쇄 발행

펴낸이 | 김창영
펴낸곳 | 생명의말씀사

등록 | 1962. 1. 10. No.300-1962-1
주소 | 서울시 종로구 경희궁1길 6 (03176)
전화 | 02)738-6555(본사) · 02)3159-7979(영업)
팩스 | 02)739-3824(본사) · 080-022-8585(영업)

기획편집 | 구자섭
디자인 | 박소정, 조현진
인쇄 | 예원프린팅
제본 | 정문바인텍

ISBN 978-89-04-16678-7 (03230)

저작권자의 허락없이 이 책의 일부 또는 전체를
무단 복제, 전재, 발췌하면 저작권법에 의해 처벌을 받습니다.

내가 바울을
사랑하는
30가지 이유

존 파이퍼

목차

들어가는 말   10
바울, 그는 누구인가: 거짓말쟁이, 미치광이 혹은 사랑 받을 만한 자?

1부 ─────────────── 아름다운 변화

1장   분노의 살인자에서, 그리스도의 사도로 변화된 사람   20
바울의 세계를 전복시킨 사건 | 바울의 변화가 널리 알려지다 | 바울이 핍박한 살아계신 예수

2장   이성적인 설득을 넘어, 영광의 계시로 회심한 사람   27
우리가 바울의 복음을 믿어야 하는 이유 | 바울의 비역사성을 주장하는 사람들에 대해서 어떻게 말할 수 있을까 | 바울의 초자연적인 진리 변증 | 역사적 논증보다 중요한 것

3장   극한 고난 중에서도, 한결같았던 소명의 사람   33
대의를 향한 아름다운 일편단심의 마음 | 갖은 고난 속에서도 한결같았던 열정 | 끝없는 고난 속에서 | 온전한 사람은 자신을 안다

4장   핍박한 자들을 향한, 흔들림 없는 사랑의 사람   41
다섯 번의 핍박이 소름 끼치는 이유 | 핍박하는 자들을 향한 흔들림 없는 사랑 | 바울의 예수 사랑

5장   비천함과 풍부함에 개의치 않는 자족의 사람   47
거의 죽을 뻔한 상항에 이르다 | 불평하지 않는 삶을 위한 열쇠 | 이 땅에서는 보상 받지 못하는 고난 | 놀라운 자족

2부 ─────────── 삶을 사랑으로 빚어가다

6장 만족할 만한 죽음을 통해, 그리스도를 높이는 사람   56
금괴에서 철 고리로 | 자유케 하는 사슬이 만들어지기 시작하다 | 논증이 등장하다 | 어떻게 죽음이 만족할 만한 것이 될 수 있는가 | 내 삶의 긴장이 해소되다 | 진리가 되기에 너무 좋은

7장 하나님 안에 있는 넘치는 기쁨으로, 이웃을 사랑하는 사람   66
풀리지 않는 또 하나의 긴장 | 다시금, 바울이 길을 제시하다 | 이웃을 향한 진실한 사랑 추구 | 기쁨은 고통을 이기고 사랑을 지속시킨다 | 환대에 인색하지 말라

8장 광적인 혈통적 오만에서, 가장 심오한 화해의 사람   76
나의 해방자, 바울 | 십자가의 혁명을 깨닫다 | 세상을 위해서가 아니라 교회를 위해서 | 그리스도인 : 새 인종, 새 민족 | 바울이 없었다면 현재의 나도 없었다

9장 암투병 중에, 가장 좋은 소식을 들려준 친구   85
일상적인 검사, 그리고 모든게 변하다 | 시의적절한 바울의 선물 | 하나님의 통제 밖에 있는 세포는 없다 | 죽음없는 삶보다 나은 것 | 가장 중요한 사실 | 바울의 선물은 한 개인의 약속이었다 | 바울의 논리가 준 행복한 선물 : 투구

10장 노년에 나를 둘러싼 가장 큰 죄들을, 알고 죽이는 법을 배웠던 사람   96
도사리고 있는 죄, 정조준하기 | 죄 이름 짓기 | 나의 이기심은 무엇인가 | 이기심의 구체적인 죄의 결과 | 바울이 모순을 드러내다 | 우리가 이길 수 있는 죄는 용서받은 죄들뿐이다 | 바울이 제시하는 세 가지 그림 | "내 눈을 뺏버리라"는 말씀은 정욕 그 이상에 적용된다 | 하나님께서 행하고 계시니, 행하라 | 실제 생활 속에서는 어떻게 나타나는가 | 현재의 바른 성장, 더 나은 장래

3부 ─────────── 논리의 마음, 사랑의 가슴을 지니다

11장 열정적인 이성과 투명한 감성의 사람　　　　　　　　112
"생각하는 데는 어른이 되십시오." | 감정적으로 유순하면서도 투명한 사도 | 이성과 감정의 드문 결합

12장 종교적 활동이 아니라, 그리스도의 영광을 말하되　　　117
　　　　마음으로 말하는 사람
회심 이전과 이후에 남긴 위대한 업적들 | 분명 예수만이 그의 기쁨이었다 | 매우 특별한 친구

13장 불붙는 논리에서, 사랑의 시(詩)를 노래한 사람　　　　123
바울의 삶의 캠버스 위의 연파랑 붓질 | 논리에서 시까지 | 바울의 산문의 도덕적 차원

14장 고차원의 사상으로, 낮은 자를 도왔던 사람　　　　　　129
심오하면서 실제적인 | 모든 것을 덕을 세우는데 소용되게 하라 | 순박함과 진실함

4부 ───────────────── 신비가 노래하게 하다

15장 감춰진 영광보다, 계시된 영광에 더욱 감격하는 사람　　136
측량할 수 없고 찾을 수 없는 | 찾을 수 없지만 드러나다 | 지식에 넘치도록 아는 것 | 하나님의 말씀의 믿음직한 쉐르파

16장 우리 안에 있고 우리를 통해서 역사하시는,　　　　　　143
　　　　하나님의 권능을 즐거워하는 사람
절대적인 존재이자 삼위일체적 실재이신 하나님 | 만물이 그의 뜻을 따라 | 하나님의 권능은 우리를 무력화시키지 않고 도리어 자극한다

**17장 고난에 관한 지구적 이해와 개인적인 공감의 마음을   149
지녔던 사람**

새 신자들에게 고난을 받으라고 가르치다 | 하나님의 렌즈로 개인적인 고난을 보다 | 온 피조 세계가 탄식하는 이유 | 인간의 도덕적인 악으로 인한 세상의 고난 | 지구적 비전과 개인적 공감

18장 인간의 죄의 공포, 인간의 영광의 소망을 품었던 사람   156

인간 본성의 음침함과 아름다움 | 음침함 | 아름다움 | 진리의 고리

**19장 그리스도인의 자유에 관한 진리를 보여주면서도,   162
단순한 방식으로 보여주지는 않은 사람**

우리는 하늘의 시민이다 그러므로… | 국가와 직업과 가정에서의 복종 | 항상 자유하지만 항상 섬겨야 한다 | 그리스도께서 자유를 위해 우리를 자유케 하셨다 | 예수님은 사랑의 길을 아신다

5부 ──────────── 공동체를 향한 열정을 품다

20장 정상에서 외롭기보다는, 소중한 친구들과 연대하는 사람   172

허세 없는 권력 | 진정한 거인 | 어떤 리더인가?

**21장 자충족적인 그리스도와 도움이 필요한 공동체를   178
필요로 했던 사람**

권위 있으면서도 필요한 존재 | 개인주의인가 상호의존인가? | 바울도 상호의존의 관계에 포함되었다

22장 중심이 꼿꼿하고, 무뚝뚝하지만 멋지게 긍정해주는 사람   184

아낌없는 긍정, 직설적인 비판 | 무뚝뚝하지만 간결하게 용서하는 태도

23장 **복음의 정확성을 향해서는 열정적이지만,**   190
     개인적인 반대를 하는 자들을 향해서는 신중한 사람

     분노와 당황 | 사랑없는 설교자들의 설교 | 정확성은 높이되 자극하지 않았다 | 설교자보다 더 중요한 복음 | 죄에 대한 통렬한 명료함 | 까다로운 글쓰기, 목회적 지혜

24장 **순응하는 카멜레온도, 군림하는 독불장군도 아닌 사람**   198

     둘씩 짝지어 – 팀의 원리 | 결코 홀로 하는 사역을 선택하지 않은 사람 | 강한 돌고래들도 떼지어 헤엄친다

6부 ──────────── 자기보다 남을 낫게 여기다

25장 **잃어버린 자를 향하여 눈물을 흘리며, 하나님의 주권을**   206
     사랑하는 사람

     하나님은 인간의 행위를 주관하시는 분이시다 | 바울의 위대한 씨뿌리기 | "그가 근심케 하셨으나 긍휼히 여기실 것이다 | 바울은 신비를 붙잡고 있었다

26장 **기뻐하는 하나님의 사도와 기뻐하는 사도의 고난을**   214
     동시에 지니고 있던 사람

     바울, 지극한 행복하신 하나님의 사도 | 삼위일체적 기쁨 / 기쁨을 퍼뜨리기 전에 먼저 그 맛을 보다 | 그분은 믿음의 기쁨을 위해 이 땅에 계신다 | 그분은 기쁨을 위해 군림하지 않고 동행하신다 | 믿음 소망 사랑은 늘 있지만 | 내가 사랑하는 한 사람에게 사랑을 배우다

27장 불완전함을 인정하고, 사랑을 위한 불완전함으로   222
      전환하는 사람

   이생에서는 완전한 기독교적 삶은 없다 | 바울의 가장 놀라운 고백 | 왜
   바울은 천천히 구원을 받았는가

28장 아무 욕심 없이, 누구와도 비교할 수 없는 삶을 살았던 사람 229

   가장 위대한 선교사로의 삶 | 복음전도자도 목사도 아닌, 개척선교사 | 하
   나님의 신실하심이라는 선물 | 하나님은 자라게 하신다 | 그리스도께서는
   바울의 사역 속에서 가장 위대한 사역자셨다 | 위대한 삶

29장 순전한 교리 추구와 가난한 자들을 향한 열정을   237
      소유했던 사람

   하나님은 압제를 미워하신다 | 가난한 자들을 향한 사도적 열정 | 교리적
   순수성과 가난한 자들을 향한 의무 | 구원의 제현

7부 ──────── 바울이 줄 수 있는 가장 위대한 선물

30장 성경의 가장 위대한 장이며, 나의 삶의 가장 위대한   246
      약속을 주었던 사람

   아이들도 '아 포르티오리'(a fortiori)를 이해한다 | 바울의 환상적인 '아 포르
   티오리' | 영원한 행복을 가로막는 가장 큰 장애물 | 어떻게 하나님은 자
   신의 하나뿐인 아들을 내어줄 수 있었는가 | 하나님은 아들을 아끼지 않고
   보내셨다 | 더 쉬운 논증의 부분 | 내 모든 소망은 로마서 8:32에 있다

나가는 말   258

나의 마지막 고백: 나를 향한 바울의 그리스도를 체현하는 사랑

들어가는 말

바울, 그는 누구인가
: 거짓말쟁이, 미치광이 혹은 사랑 받을 만한 자?

내가 사도 바울과 함께 살아온 지도 60년이 넘었다. 그를 존경했고 두려워했으며, 때로는 그를 묵상했고 암송도 했다. 그에 관해 시를 짓기도 했으며, 그의 고난을 생각하며 울기도 했다. 그와 함께 비상하기도 했으며, 죽음의 문턱까지 가라앉기도 하였다. 그가 쓴 가장 긴 서신을 강해하며 8년을 보내기도 했다. 그를 부지런히 흉내 냈다. 아마도 내게 십 년이 더 주어진다 해도, 나는 그의 고난에(혹은 그가 본 것에) 근처에도 이르지 못할 것 같다.

우리는 역사를 살다간 실제 바울을 알 수 있다

여러분은 2천 년 전에 살았던 한 사람을 실제로 알 수 있는가? 내 대답은 '알 수 있다'이다. 우리에게는 그가 쓴 13편의 서신과 그의 주치의 누가가 쓴 그의 짧은 전도여행기(사도행전)가 있다. 당연히 우리는 그를 알 수 있다.

여러분이 그를 알게 되면, 그를 사랑하기도 하고 믿게 되기도 할 것이다. 아니 사기꾼이라고 미워할 수도 있고, 속은 사람이라며 가여워할 수도 있다. 아니 그냥 여러분이 실존 인물을 대하고 있다는 사실조차 잊을지 모른다.

혹시 자신을 우주의 신적인 주(主)라고 주장한 예수님이 진리를 말하고 있는지 여부를 두고, 그가 "거짓말쟁이인가, 미치광이인가, 신적인 주님(主)인가"를 두고 논쟁하는 것을 들어본 적이 있는가? 예수님은 "아브라함이 있기 전에 내가 있었다"(요 8:58), "나와 아버지는 하나다"

(요 10:30)와 같은 말을 하였다.

그의 진실성에 관한 논쟁은 다음과 같이 전개된다: "그리스도는 의도적인 사기로 인류를 속였거나, 자신이 속았든지 혹은 스스로 자기 자신을 속였거나, 그게 아니라면 그는 실제로 신적인 존재였다. 이 삼자택일 말고는 다른 가능성이 없다."[1] 거짓말쟁이, 미치광이, 신적인 주님(±).

다시 말하면, 이 논쟁은 만약 당신이 예수님을 거짓말쟁이나 미치광이로 부르기 어렵다면, 그를 주님으로 보아야 한다는 것을 암시한다. 하지만 최근에 어떤 학자들은 네 번째 가능성이 덧붙여서 논의를 더 복잡하게 만들었다. 그가 신화적 존재라는 것이다. 거짓말쟁이, 미치광이, 주(Lord) 혹은 신화적 존재. 다시 말해서 예수님이 신약성경에 기록된 것을 실제 말하지 않았고, 신약성경이 묘사한 예수님은 단지 신화적 존재에 불과하다는 것이다.

하지만 신약성경 복음서가 묘사하는 예수님이 신화적 존재라는 견해에 반대하는 여러 설득력 있는 근거들이 있다. 내 책 『예수님의 지상 명령』(What Jesus Demands from the World)에서 이 반대 근거들 가운데 몇 가지를 제시하였다.[2] 하지만 지금 여러분이 갖고 있는 책은 바울에 관한 것이다. 핵심은 뭔가? 핵심은 아무도 바울이 신화적 존재라고 진지하게 생각하지 않는다는 점이다. 좀더 정확하게 말하면, 내가 알

---

1) John Duncan, *Colloquia Peripatetica* (Edinburgh: Edmanston & Douglas, 1873), 109.
2) John Piper, *What Jesus Demands from the World* (Wheaton, ILL Crosway, 2011), 29-36.

고 있는 어떤 학자도 그의 서신에서 역사적 바울, 실존하는 바울을 만나지 않고 있다고 생각하는 이들은 없었다. 심지어 바울의 13개 서신 가운데 실제 그가 쓴 것은 여섯 편이나 일곱 편이라고 주장하는, 가장 의심이 많은 학자들마저도 실존했던 역사적 바울을 신약성경의 묘사에서 볼 수 있다고 믿었다.

거짓말쟁이, 미치광이, 혹은 권위있는 대변인?

이 논쟁을 바울에 관한 논쟁에도 아주 중요하게 적용할 수 있다. 바울은 아무에게도 자신을 주(主)라고 주장한 적이 없다. 실제로 그것을 부인하기도 하였다(고후 1:24). 하지만 그는 자신을 권위있고 진실한 사도라고 주장하였다. 즉 그는 죽음 가운데서 부활하셔서 온 세상을 다스리시고 영광 중에 다시 오실 것이라고 그가 말한 예수 그리스도의 권위있는 대표요 대변인이라고 주장하였다(갈 1:1, 11-16; 고전 14:37-38; 15:1-9, 20-25; 살전 4:13-17).

물론 그가 사실을 말하고 있지 않다면 이는 정신 나간 주장이다. 따라서 바울에 관해서도 우리는 삼자택일의 상황에 있는 것이다. 바울은 (1) 자신의 메시지가 거짓이라는 것을 알고 있지만, 어떤 숨은 이유 때문에 종교를 이용한 사기꾼이든지 (2) 자신이 미혹되었든지(미치광이와 비슷하다) (3) 부활하신 주 예수 그리스도의 권위있고 진실한 대변인이든지 할 것이다.

거짓말쟁이, 미치광이, 아니면 사랑 받을 만한 자?

예수님을 믿어온 지난 60년 동안, 나는 종종 한 발 뒤로 물러나 최대한 정직하게 나 자신에게 물어왔다. "나는 왜 믿는가? 바울의 가르침에 근거하여 여러분의 전 삶을 세워도 된다고 어떻게 확신할 수 있는가?"

3년 전, 나는 이 질문에 대답하는 책을 썼다. 그것이 『성경과 하나님의 영광』(A Peculiar Glory)이다.[3] 그 짧은 대답이 이것이다. "진심으로 말하건대, 나는 바울을 거짓말쟁이나 미치광이라고 생각할 수 없다. 나는 그를 속인 자나 혹은 속은 자라고 볼 수 없다. 그는 나에게 무한한 신뢰를 주었다."

어떻게 그가 이런 신뢰를 얻게 되었는가? 물론 그것은 하룻밤 사이에 쌓인 신뢰가 아니다. 그것은 한 사람을 깊이 알고 나서 나온 신뢰이다. 대개 누군가를 아는 데는 시간이 필요하다. 특별히 복잡하고 다차원적인 사람을 아는 일은 느리고 어렵다. 그런 사람들은 매번 혼란과 모순이 뒤엉킨 사람이든지, 반대로 신실성과 심오한 일관성을 갖춘 사람일 때가 많다. 하지만 바울은 그런 혼란스러운 사람이 아니다. 그는 의문스럽지도 않다. 그는 '사람을 기쁘게 하는 사람'(엡 6:6)이 되려고 노력하지도 않았다. 내 찬성을 필요로 하는 사람도, 내 거절을

---

[3] John Piper, *A Peculiar Glory: How Christian Scriptures Revealed Their Complete Truthfulness* (Wheaton, Il: Crosway, 2016).

두려워하는 사람도 아니다. 그는 문화의 바람이 어떻게 부는지를 아는 일에도 관심이 없다. 그는 정말 진짜다.

나는 누군가가 거짓말쟁이인지 아니면 미치광이인지를 분별하는 기준이 사랑에 대한 기준과 겹친다는 것을 알게 되었다. 다시 말하면, 한 사람의 진정성과 윤리적인 정직성을 보여주는 특징들은 누군가로부터 존경과 애정과 감사를 불러일으키는 특징들과 같다는 것이다. 이런 이유로, 나는 바울에 대한 나의 사랑에 관한 책을 쓰기로 한 것이다. 그를 사랑하게 되는 여정과 그를 신뢰하게 되는 여정은 하나의 여정이었다.

바울을 향한 두 종류의 사랑

그를 사랑하는 이유와 그를 신뢰하는 이유의 뿌리가 하나인 이유는 나의 사랑은 감사의 사랑이고 존경의 사랑이기 때문이다. 나는 생명을 바친 바울의 가르침에 깊이 감사하며, 그의 삶에서 탁월성을 보여주는 범상치 않은 특징들에 대해 크게 존경하고 있다. 그의 말은 나에게 구원이 되었고, 그의 삶은 그의 말을 보증해주고도 남았다. 나는 나의 삶을 예수님의 복음에 바쳤다. 그리고 아무도 바울보다 더 복음의 신비로 나를 깊이 인도해준 이는 없었다. 예수님 다음으로 바울만큼 내가 감사하고 존경한 이는 없다. 이런 존경과 감사는 한 사람을 신뢰할만한 존재가 되게 한 이런 사실들에 뿌리를 내리고 있다. 이것들이야말로 진정한 확증이 아니겠는가?

여러분도 바울을 존경하고 신뢰하게 될 것이다

이어지는 장들에서, 나는 바울의 사상을 광범위하게 개관하지는 않을 것이다. 이 책은 지극히 개인적이며 색다르기까지 하다. 그러니까 이 책은 나만의 고유한 여정과 열정의 산물인 것이다. 여러분이 바울을 사랑하여 그를 사랑하는 근거 목록을 만든다면, 나와는 다른 목록을 만들 것이고, 그렇더라도 틀렸다고 말할 수는 없을 것이다. 이런 서로 다른 목록들이 바울의 비일관성을 나타내는 것은 아니며, 도리어 그의 위대함을 증명하는 증거가 될 것이다.

바울의 신실성을 입증하는 모든 특징들을 망라하는 것이 내 저술 목표는 아니다. 나의 목표는 바울을 신뢰할 만한 증인으로 추천하는 것이다. 내가 그를 사랑하는 이유들이 모두 그가 거짓말쟁이나 미치광이가 아님을 보여주는 강력한 증거라고 믿는다.

나는 바울이 존경할 만하고 믿을 만한 사람이며, 그가 쓴 것이 진실하다는 점에 여러분도 진심으로, 그리고 즐거이 설득되기를 바란다.

바울은 하나님이 아니다. 그는 가장 높은 권위를 가진 존재도 아니다. 그리스도만이 진리의 시금석이시다. 그리스도께서는 죄를 범하지 않으셨다. 그러나 바울은 우리와 같은 인간이며 죄된 본성을 가지고 있다. 하지만 그가 이룬 성취(대부분 고난을 통해서)는 얼마나 위대하고 신실한가! 나는 그가 나에게 보여준 그리스도로 인해 그를 사랑한다. 그가 내게 열어준 헤아릴 수 없는 진리의 광대무변함 때문에 그를 사랑한다. 별처럼 빛나는 바울의 개인적인 탁월성 때문에 그를 사랑한다. 그 탁월성은 특별히 그것들이 다채로우면서도 역설적이라서 더욱 강력하다. 이 멋진 역설의 힘은 이제 이어지는 장들에서 더 분명히 드러날 것이다.

바울을 향한 나의 존경(나의 사랑)에 참여한 것을 환영한다. 이를 통해서 여러분이 바울이 믿는 주 예수님을 여러분의 구주로, 주님(Lord)으로, 가장 위대한 인생의 보화로 신뢰할 수 있도록 내가 여러분을 위해 기도하지 않는다면, 바울은 기뻐하지 않을 것이다.

1부

아름다운 변화

1장

분노의 살인자에서, 그리스도의 사도로 변화된 사람

다메섹 경험을 통해, 바울의 삶에 엄청난 변화가 찾아왔다. 그는 그리스도인들을 죽이는 자에서 그리스도와 그의 백성들을 사랑하는 자로 변화된 것이다.

바울은 유대인들 중에서도 가장 엄격한 종교분파인 바리새파 출신이었다(행 26:5). 그는 당대 바리새파 가운데 가장 존경 받는 랍비인 가말리엘의 문하생이었고(행 22:3), 그가 공개적으로 "내가 내 동족 중 여러 연갑자보다 유대교를 지나치게 믿어 내 조상의 전통에 대하여 더욱 열심이 있었다"(갈 1:14)고 말해도 전혀 틀린 말이 아니었을 것이다.

가장 엄격한 전통에 대한 그의 급진적인 헌신을 능가할 만한 순종은 없었다.

"나는 팔일 만에 할례를 받고 이스라엘 족속이요 베냐민 지파요 히브리인 중의 히브리인이요 율법으로는 바리새인이요 열심으로는 교회를 박해하고 율법의 의로는 흠이 없는 자라"(빌 3:5-6).

첫 순교자 스데반이 돌에 맞아 죽을 때, 젊은 바울은 그 현장에서 스데반을 죽인 사람들의 옷을 들고 있었다(행 7:58). 하지만 머지않아 그는 수동적으로 옷을 들고 있던 사람에서 공격적으로 핍박하는 자로 변모하였다.

바울의 세계를 전복시킨 사건

바울의 전도여행 동료요 여행기(사도행전)의 저자이자 주치의였던 외과의사 누가는 세 번에 걸쳐서 바울의 세계가 전복된 사건을 기록했다.

"사울이 주의 제자들에 대하여 여전히 위협과 살기가 등등하여 대제사장에게 가서 다메섹 여러 회당에 가져갈 공문을 청하니 이는 만일 그 도를 따르는 사람을 만나면 남녀를 막론하고 결박하여 예루살렘으로 잡아오려 함이라"(행 9:1-2).

바울은 이 위협적인 기독교의 "도(道)"가 사실이라면, 자신의 세계를 뒤흔들 것임을 알고 있었다. 그는 자신의 삶의 의미와 자신의 "의"를 엄격한 율법 준수에서 찾았다. 그는 심지어 자신을 율법에 대해서는 "흠이 없는 자"라고 부르기도 하였다(빌 3:6). 당대 사회에서는 이런 성취는 큰 "유익"이 있었으며(빌 3:7), 그는 다른 모든 사람들보다 더 뛰어났다(갈 1:14). 만약 기독교의 도가 진리라면(만약 그리스도가 죽은 자 가운데서 부활했다면), 그것이 바울 자신의 자랑에 미치는 영향에 대해서 깊이 이해하고 있었다. 그의 자랑은 무의미해졌다.

바울이 북쪽 다메섹으로 가서 살인적인 핍박을 감행하기로 결심하자, 하나님께서 개입하여 바울의 세계를 뒤집어버리셨다. 바울은 자신이 태어나기도 전에 하나님께서 이 순간을 위해 자신을 선택하셨다고 믿게 되었다(갈 1:15).

누가는 사도행전에서 바울이 맞닥뜨린 위기(바울의 회심사건)를 세 번 기록하고 있다(9, 22, 26장).

"사울이 길을 가다가 다메섹에 가까이 이르더니 홀연히 하늘로부터 빛이 그를 둘러 비추는지라 땅에 엎드러져 들으매 소리가 있어 이르시되 사울아 사울아 네가 어찌하여 나를 박해하느냐 하시거늘 대답하되 주여 누구시니이까 이르시되 나는 네가 박해하는 예수라 너는 일어나 시내로 들어가라 네가 행할 것을 네게 이를 자가 있느니라 하시니 같이 가던 사람들은 소리만 듣고 아무도 보지 못하여 말을 못하고 서 있더라 사울이 땅에서 일어나 눈은 떴으나 아무 것도 보지 못하고 사람의 손에 끌려 다메섹으로 들어가서 사흘 동안 보지 못하고 먹지도 마시지도 아니하니라"(행 9:3-9).

그런 후에, 하나님께서는 아나니아라는 사람을 바울에게 보내서 무슨 일이 있었는지를 설명하게 하신다. 하나님께서는 아나니아에게 다음과 같이 말씀하신다.

"주께서 이르시되 가라 이 사람은 내 이름을 이방인과 임금들과 이스라엘 자손들에게 전하기 위하여 택한 나의 그릇이라 그가 내 이름을 위하여 얼마나 고난을 받아야 할 것을 내가 그에게 보이리라 하시니"(행 9:15-16).

바울 자신도 이렇게 기술하고 있다.

"그러나 내 어머니의 태로부터 나를 택정하시고 그의 은혜로 나를 부르신 이가 그의 아들을 이방에 전하기 위하여 그를 내 속에 나타내시기를 기뻐하셨을 때에 내가 곧 혈육과 의논하지 아니하고"(갈 1:15-16).

바울의 변화가 널리 알려지다

바울의 회심 소식은 그 근방의 그리스도인에게는 충격적인 소식이었다. 그들은 바울에게 급진적인 변화가 일어난 것을 직접 보았기 때문이다. 바울은 그것을 다음과 같이 설명한다.

"내가 이전에 유대교에 있을 때에 행한 일을 너희가 들었거니와 하나님의 교회를 심히 박해하여 멸하고 다만 우리를 박해하던 자가 전에 멸하려던 그 믿음을 지금 전한다 함을 듣고 나로 말미암아 하나님께 영광을 돌리니라"(갈 1:13, 23-24).

그리스도를 향해 회심하기 전과 후의 그의 공적인 삶을 보고 안 사람이 수백 명, 아니 수천 명에 이를 것이다. 살인자에서 사랑하는 자로의 그의 변화는 많은 사람들이 아는 사실이고 그래서 부인할 수 없는 사실이었다. 그는 개인적인 회심 경험을 주장하고 있지 않다. 그는 단지 공적인 사실을 말하고 있다. 자신의 극적이고 공적인 변화를 설명하면서, 자신이 십자가에서 죽고 부활하신 예수 그리스도를 보았다고 말하고 있다.

바울이 핍박한 살아계신 예수

예루살렘에서 다메섹으로 가는 길 위에서의 이 만남을 통해, 바울은 예수님이 살아계신다는 사실을 확신하게 된다. 이 만남은 모든 것을 바꿔놓았다. 예수님께서 주시는 신적인 사죄는 사실이었다. 바울은 그 사죄를 받고 이 부활하신 주님의 절대 주권 아래 복종하였다. 그는 마찬가지로 사명을 부여받았다. 이는 또한 그의 삶에서 결정적인 일이었다. 그와 같은 일은 다시 일어나지 않을 것이다. 박해자가 이제는 그가 미워했던 것을 전하는 최초의 전파자(spreader)가 된 것이다. 그는 부활하신 그리스도에게서 복음을 받았다.

"내가 받은 것을 먼저 너희에게 전하였노니 이는 성경대로 그리스도께서 우리 죄를 위하여 죽으시고 장사 지낸 바 되셨다가 성경대로 사흘 만에 다시 살아나사 게바에게 보이시고 후에 열두 제자에게와 그 후에 오백여 형제에게 일시에 보이셨나니 그 중에 지금까지 대다수는 살아 있고 어떤 사람은 잠들었으며 … 맨 나중에 만삭되지 못하여 난 자 같은 내게도 보이셨느니라 나는 사도 중에 가장 작은 자라 나는 하나님의 교회를 박해하였으므로 사도라 칭함 받기를 감당하지 못할 자니라" (고전 15:3-9).

"그러나 내가 긍휼을 입은 까닭은 예수 그리스도께서 내게 먼저 일체 오래 참으심을 보이사 후에 주를 믿어 영생 얻는 자들에게 본이 되게 하려 하심이라"(딤전 1:16).

바울을 사랑하게 만든 모든 것이 바로 이 변화에서부터 흘러나온다. 이 모든 나의 사랑이 거대한 속임수나 날조에 기인하든지, 아니면 그것이 가장 심오한 놀라움과 존경을 보낼 만한 가치가 있기 때문이든지 할 것이다. 그의 편지에 나타난 인간의 영혼은 미혹된 광신자나 기만적인 사기꾼의 영혼이 아니다. 이 책은 내가 주로 바울의 진정성을 믿는 이유에 대해 기술하고 있다.

2장

이성적인 설득을 넘어, 영광의 계시로 회심한 사람

바울은 자신의 눈을 멀게 한 부활하신 예수님의 광채와의 만남을 통해 회심하였다. 하지만 그가 편지에서 복음의 진리를 말할 때, 이런 부인할 수 없는 경험을 자신의 독자들에게 믿어야 하는 근거로 제시하는 일은 거의 없었다. 그는 독자들이 역사적인 간증을 통해서 가질 수 있는 확신보다 더 나은 확신을 필요로 할 것을 알고 있었다.

그는 자신의 편지에서 두 차례에 걸쳐 자신이 다메섹 도상에서 부활하신 예수님을 만났고, 그 사건을 통해 자기 삶이 그리스도인들을 박해하는 자에서 기독교의 믿음을 전하는 대사로 변화되었다고 밝히고 있다(1장을 보라).

"내가 자유인이 아니냐 사도가 아니냐 예수 우리 주를 보지 못하였느냐 주 안에서 행한 나의 일이 너희가 아니냐"(고전 9:1).

"그 후에 오백여 형제에게 일시에 보이셨나니 그 중에 지금까지 대다수는 살아 있고 어떤 사람은 잠들었으며 그 후에 야고보에게 보이셨으며 그 후에 모든 사도에게와 맨 나중에 만삭되지 못하여 난 자 같은 내게도 보이셨느니라"(고전 15:6-8).

우리가 바울의 복음을 믿어야 하는 이유

의심할 여지 없이, 바울은 이 부활하신 그리스도와의 만남과 이어지는 자신의 삶의 극적인 변화를, 사람들이 자신을 하나님의 아들의 진실한 대변인으로 간주해야 할 강력한 이유로 생각하였다.

"형제들아 내가 너희에게 알게 하노니 내가 전한 복음은 사람의 뜻을 따라 된 것이 아니니라 이는 내가 사람에게서 받은 것도 아니요 배운 것도 아니요 오직 예수 그리스도의 계시로 말미암은 것이라"(갈 1:11-12; 행 22:7-21도 참조하라).

그의 논증의 성격에 주목하라. 그의 복음은 단지 '사람의 복음'이 아니다. 이는 그 복음을 사람에게 받지 않았기 때문이다. 그는 부활하신 그리스도를 만났다.

이어서 그는 갈라디아서 1:13에도 그의 복음의 진정성을 또다른 '이유'를 나타내는 절을 통해 논증하고 있다: "이는(for) 내가 이전에 유대교에 있을 때에 행한 일을 너희가 들었거니와 하나님의 교회를 심히 박해하여 멸하고"

다시 말해서 "여러분이 내 안에서 보고 있는 변화는(내가 과거에 미워했던 한 사람을 위해 내 삶을 바친 것은) 그리스도와의 만남 사건 말고는 설명할 도리가 없습니다."

**바울의 비역사성을 주장하는 사람들에 대해서
어떻게 말할 수 있는가?**

"복음을 확증함에 있어서 아주 오래 전 살았던 한 역사적 인물의 증언에 의존하는 것이 맞는가"라고 내 마음 속에서 일어나는 골치 아픈 의문에 대해서는 어떻게 대답할 수 있는가? 증거들을 분류하여 긴 추론의 과정을 전개해나가는 법을 아는 신중한 역사가라면, 바울의 설명이 충분히 개연성이 있다는 결론에 이를 것이다.

그럼 일반 사람들은 어떠한가? 강력한 개연성만으로 우리의 인생을 걸어야 하는가? 처음으로 선교사들을 통해 복음 이야기를 들은 문맹의 원시 부족들은 어떠한가? 예수님은 자신의 십자가를 지고 믿음을 위해서 죽으라고 명령하신다(눅 21:16). 순교가 어리석은 것이 아님을 확신할 만큼 바울의 메시지의 진정성을 알 수 있는 길이 있는가?

바울의 초자연적인 진리 변증

나는 바울이 자신의 초자연적인 경험을 회심의 증거로 제시하는 것에서 한 걸음 더 나아가 복음 그 자체가 갖고 있는 고유한 영광을, 진리의 근거로 제시하고 있다는 점에 놀랐다. 그가 복음의 진리를 어떻게 보고 있는지에 관하여, 그가 했던 깊이 있는 말을 들어보자.

"그 중에 이 세상의 신이 믿지 아니하는 자들의 마음을 혼미하게 하여 그리스도의 영광의 복음의 광채가 비치지 못하게 함이니 그리스도는 하나님의 형상이니라. 우리는 우리를 전파하는 것이 아니라 오직 그리스도 예수의 주 되신 것과 또 예수를 위하여 우리가 너희의 종 된 것을 전파함이라 어두운 데에 빛이 비치라 말씀하셨던 그 하나님께서 예수 그리스도의 얼굴에 있는 하나님의 영광을 아는 빛을 우리 마음에 비추셨느니라"(고후 4:4-6).

첫째, 바울은 "그리스도의 영광의 복음의 광채"가 비치지 못하게 되었다고 말한다. 그리고 나서 그 실패에 대한 하나님의 치유책에 대해 말한다: 하나님께서는 하나님의 영광을 아는 빛을 우리 마음에 비추셨다. 이 두 진술에서, 바울은 모두 "빛"을 언급하고 있다.

이 빛의 속성에 대해 묵상해보라. 첫 번째 문장에서 그 빛은 그리스도의 영광의 복음으로부터 나오고 있고, 두 번째 문장에서는 "하나님의 영광을 아는 지식"에서 나오고 있다.

다시 말해서 태양이나 촛불에서 나오는 것과 같은 물리적이나 물질적인 빛이 아니다. 이는 영적인 빛이다. 육신의 눈으로 보는 빛이 아니다. 바울은 그것을 마음의 눈으로 본다고 말한다(엡 1:18). 하지만 그 빛이 물리적인 빛만큼 실제적이지 않은 것은 아니다. 이는 "예수 그리스도의 얼굴에 있는 하나님의 영광을 아는 빛"이며, 또한 "하나님의 형상이신 그리스도의 영광"이다. 그 빛은 복음을 통해 비추는 신적인 거룩한 빛이다.

역사적 논증보다 중요한 것

이는 사도 요한이 "우리가 그의 영광을 보니 아버지의 독생자의 영광이 은혜와 진리가 풍성하도다"(요 1:14)라고 예수님에 대해 말했을 때, 그가 말했던 바로 그 영광이다. 그러나 바리새인들은 대부분 예수님을 보고서도 그 영광을 보지 못했다. 그러므로 예수님은 "보기는 보아도 보지 못한다"(마 13:13)라고 말씀하신 것이다.

하지만 요한은 그 영광을 보았다. 베드로도 보았다(마 16:17). 그것은 실제(real)였다. 그리스도의 영광은 실제하는 증거였다. 그것은 믿음의 실제적이고 확실한 근거였다. 하지만 그것은 단순한 물리적인 봄이 아니었다. 수많은 사람들이 예수님을 보았지만(그리고 복음을 들었지만), 그 "영광" 혹은 "복음의 빛"을 보지 못했기 때문이다.

나는 바울이 복음의 진리를 위한 역사적 논증 너머까지 나아간 것에 깊이 감사한다. 역사는 반드시 필요하다. 만약 역사적 예수가 없었다면, 만약 죄를 위한 그의 죽음과 죽은 자 가운데서 부활한 것이 없었다면, 우리의 모든 믿음은 헛것이 될 것이다(고전 15:14).

하지만 역사적 증거만으로는 (우리의 영적 확신이 자리하는) 우리 영혼의 깊은 곳까지 가닿을 수 없다. 만약 우리가 예수님을 위해 살고 예수님을 위해 죽으려면, 반드시 마음의 눈으로 그의 영광을 보아야 한다. 바로 이 점에서, 내가 바울을 사랑한다고 말할 때, 그에 대한 나의 감사도 들어 있다.

3장

극한 고난 중에서도,
한결같았던 소명의 사람

바울은 부활하신 그리스도께서 부르신 부름에 전적으로 헌신하였다. 비할 수 없는 고난 중에도 그 소명에 충성하였다.

많은 개종자들이 잠시 열정적으로 달아올랐다가 이내 탈진하여 세상에서의 일상적인 예전 삶으로 돌아가 버리곤 한다. 그들은 위안과 안전을 선택하고 별 고생 없는 삶을 살아간다. 하지만 바울의 역전된 삶(박해자에서 기독교를 목숨 걸고 전하는 급진적인 전도자로서)의 불은 꺼지지 않았다. 그가 사랑하기에 이른 한 사람과 대의, 즉 예수 그리스도와 은혜로 받는 구원을 향한 일편단심의 헌신의 삶은 놀랍기 그지없다.

대의를 향한 아름다운 일편단심의 마음

나는 일편단심의 마음을 좋아한다. 한 위대한 일에 모든 삶을 바친 헌신을 보는 것을 좋아한다. 이해관계에 따라 여기저기를 오가지 않고 삶의 진로를 정한 뒤 끝까지 그 자리를 고수하는 영혼을 볼 때 참 아름답다고 느낀다. 물론 그 목적이 삶을 쏟을 만큼의 가치가 있을 때만 칭송할 수 있을 것이다. 성경 여러 곳에서, 바울은 자신의 삶을 한 문장으로 정리해놓곤 했는데, 다음과 같은 구절이 그렇다.

"내가 달려갈 길(헬라어 드로모스)과 주 예수께 받은 사명 곧 하나님의 은혜의 복음을 증언하는 일을 마치려 함에는 나의 생명조차 조금도 귀한 것으로 여기지 아니하노라"(행 20:24).

나는 이 멋진 고백을 다음과 같이 요약해본다: "여러분의 삶을 허비하느니 잃는 것이 차라리 낫다."

바울에게 허비하지 않는 삶이란 끝까지 일관된 길을 고수하는 것을 의미했다. 그것은 "하나님의 은혜의 복음을 증언하는" 길이었다. 바울은 생의 마지막 순간 고별사를 하면서, 길(course, 헬라어 드로모스)이라는 같은 단어[경주(race), 헬라어 드로모스]를 사용하고 있다(NIV, ESV 등에서는 헬라어 드로모스를 '경주'로 번역하고 있다. – 편집자주).

"나는 선한 싸움을 싸우고 나의 달려갈 길(헬라어 드로모스)을 마치고 믿음을 지켰으니 이제 후로는 나를 위하여 의의 면류관이 예비되었으므로 주 곧 의로우신 재판장이 그 날에 내게 주실 것이며 내게만 아니라 주의 나타나심을 사모하는 모든 자에게도니라"(딤후 4:7-8).

그는 해냈다. 끝까지 완주하였다. 한 사람의 인생에서 위대하고 가치 있고 한결같이 간직할만한 소원이 있고, 그 대상을 향해 끝까지 자신을 불태울 수 있다면, 그건 참으로 아름답지 않은가? 마침내 노인이 되어 마지막 순간을 위해 로마에 왔을 때조차도, 바울은 스페인으로 갈 계획을 세우고 있었다. 바울에게는 "하나님의 은혜의 복음"을 전하겠다는 바람에서 나온 아주 구체적인 계획이 있었기 때문이다. 즉, 복음이 전해지지 않은 곳에 가려는 마음이 있었던 것이다.

"또 내가 그리스도의 이름을 부르는 곳에는 복음을 전하지 않기를 힘썼노니 이는 남의 터 위에 건축하지 아니하려 함이라"(롬 15:20).

우리가 아는 한, 바울은 스페인에 가지는 못했다. 하지만 내 눈에는 그 모습이 늘그막에 안온한 삶의 길로 빠진 사람으로 보이기보다는, 단 하나 남은 최후의 승리를 위해 달려가다가 갑자기 죽은 사람으로 보인다.

갖은 고난 속에서도 한결같았던 열망

내 마음을 가장 깊이 사로잡은 바울의 한결같은 열정을 드러내는 표현은 아마도 빌립보서 1:20에 나온 표현일 것이다. 바울은 자신이 걷는 오직 한 길이 하나님의 은혜의 복음을 증언하는 길이라고 말하든지 혹은 자신의 바람이 오직 복음이 전해지지 않는 곳에 복음을 전하는 일이라고 말하든지 간에, 사나 죽으나 그의 삶의 궁극적인 목적은, 그리고 그의 한결 같은 삶의 소원은 예수 그리스도가 그의 몸에서 존귀하게 되는 것이었다.

이것이 그의 모든 전략적인 목표를 한 곳으로 통합시키는 인생의 바람이었다.

"나의 간절한 기대와 소망을 따라 아무 일에든지 부끄러워하지 아니하고 지금도 전과 같이 온전히 담대하여 살든지 죽든지 내 몸에서 그리스도가 존귀하게 되게 하려 하나니"(빌 1:20).

그의 모든 꿈, 계획, 전략, 모든 순간, 모든 메시지는 이 한 가지 소원 안에서 하나가 된다: "살든지 죽든지 내 몸에서 그리스도가 존귀하게 되게 하려 하나니."

끝없는 고난 속에서

내가 바울을 존경하고 사랑하는 것은 단지 그의 한결같은 바람이나 변치 않는 삶의 헌신 때문만은 아니다. 하나님께서 주신 사명에 이처럼 흔들림 없이 헌신하는 가운데 그는 끝없이 고난을 당했다. 그 고난은 거의 감내할 수 없을 정도로 혹독하였다. 그럼에도 그는 그 길을 고수하였다. 분명 단 하나의 영광스러운 길을 끝까지 고수한다면 주목할 만한 가치가 있다고 할 것이다.

하지만 만약 이런 일을 끝도 없는 고난 속에서 감당해야 한다면, 이것은 실로 경이적인 일이라 할 것이다.

나는 이 "끝없는"(unremitting)이라는 단어를 신중하게 골랐다. 바울의 회심 장면에서, 예수님은 그에게 이렇게 말했다: "그가 내 이름을 위하여 얼마나 고난을 받아야 할 것을 내가 그에게 보이리라 하시니"(행 9:16). 바울이 자신의 삶의 고난을 언급할 때, 그 고난은 끝없는 고난일 뿐만 아니라 사방에서 오는 고난인 것처럼 말하고 있다.

"그들이 그리스도의 일꾼이냐 정신 없는 말을 하거니와 나는 더욱 그러하도다 내가 수고를 넘치도록 하고 옥에 갇히기도 더 많이 하고 매도 수없이 맞고 여러 번 죽을 뻔하였으니 유대인들에게 사십에서 하나 감한 매를 다섯 번 맞았으며 세 번 태장으로 맞고 한 번 돌로 맞고 세 번 파선하고 일 주야를 깊은 바다에서 지냈으며 여러 번 여행하면서 강의 위험과 강도의 위험과 동족의 위험과 이방인의 위험과 시내의 위험과 광야의 위험과 바다의 위험과 거짓 형제 중의 위험을 당하고 또 수고하며 애쓰고 여러 번 자지 못하고 주리며 목마르고 여러 번 굶고 춥고 헐벗었노라 이 외의 일은 고사하고 아직도 날마다 내 속에 눌리는 일이 있으니 곧 모든 교회를 위하여 염려하는 것이라"(고후 11:23-28).

여러분이 따뜻한 마음으로 상상하고 공감하면서 이 부분을 읽는다면, 금방 눈물이 날 것이다. 그가 홀몸이었다는 사실을 기억하라. 친구가 많긴 했지만, 생의 대부분의 순간 그는 독신으로서 외로웠을 것이다. 다른 사람들은 모두 아내들이 데려가는데, 늦은 밤 혼자 남아서 얻어맞은 자기 상처를 치료했을 바울의 모습을 그려보라.

온전한 사람은 자신을 안다

물론 공감하며 눈물을 흘리는 반응만 있지는 않을 것이고, 의구심을 품는 이들도 있을 것이다. 아마 "이 고난 목록이 허풍처럼 들린다"고 말할지도 모른다. 거기에 뭔가 다른 말을 덧붙이고 싶을지도 모른다.

일종의 허풍이었다고 가정해보자. 그렇다면 여러분은 "왜 이것이 존경할 만한 일이 되어야 하지?", "이것이 어째서 그가 어찌할 바 몰라 하는, 자기도취에 빠진 미치광이처럼 말하고 있는 증거가 될 수 없는가"라고 질문해야 한다(나는 실제로 그렇게 물었다).

내 대답은 이렇다. 거짓 사도들은 바울이 고린도(이 고난 목록을 보낸 도시)에서 자비량하는 것을 폄하하였다. 그들은 자신들의 엄청난 자격을 자랑하였다. 따라서 바울은, 이렇게 하는 것이 대단히 위험한 일인 줄 알면서도, "그들이 그리스도의 일꾼이냐 정신 없는 말을 하거니와 나는 더욱 그러하도다"(고후 11:23)라고 말한다.

다시 말해서, 바보들이나 이렇게 허풍을 떤다는 것이다. 정말 그렇다! 그는 아예 대놓고 큰 소리로 말한다: "내가 어리석은 자가 되었으나 너희가 억지로 시킨 것이니 나는 너희에게 칭찬을 받아야 마땅하도다 내가 아무 것도 아니나 지극히 크다는 사도들보다 조금도 부족하지 아니하니라"(고후 12:11). 그건 위험천만한 일이다.

나는 그렇게 위험을 무릅쓰는 바울을 좋아한다. 그가 쓴 13편의 서신을 통해, 나는 바울이 찬사나 동정이라는 버팀목이 필요한 소심한 자기중심주의자가 아니라는 것을 알고 있기 때문이다. 정신이 온전한 사람과 정신 나간 사람의 차이는 온전한 사람은 미친 사람처럼 말하지만, 자신이 그렇게 하고 있다는 것을 알고 있다는 점이다.

그는 왜 정신 나간 사람처럼 말하는 위험을 무릅쓴 것인가? 그 이유는 이것이다. "어떠한 까닭이냐 내가 너희를 사랑하지 아니함이냐 하나님이 아시느니라"(고후 11:11).

그렇다, 그는 성도들을 사랑한다. 그것이 이 고난의 의미다. 나 역시 한결같은 소원(사나 죽으나 그리스도를 존귀하게 하는 것)을 추구하면서 그가 흘린 눈물의 목록에서, 그리고 이 정신 나간 것 같은 사람에게서 사랑을 받고 있다고 느낀다. 그러니 어찌 내가 그에게 나의 사랑을 돌려주지 않을 수 있겠는가?

4장

핍박한 자들을 향한,
흔들림 없는 사랑의 사람

바울을 향한 유대인들의 핍박이 유대 백성들을 사랑하는 그의 마음으로 바꾸지는 못했다.

바울의 긴 고난 목록에서(고후 11:23-33), 가장 감동이 되면서도 진저리나는 대목은, 그가 "유대인들에게 사십에서 하나 감한 매를 다섯 번 맞았다"(24절)는 부분이다. 세 가지 이유에서 나는 이 대목에서 몸서리쳤다.

다섯 번의 핍박이 소름 끼치는 이유

첫째, 채찍질을 당할 때마다 서른아홉 번이라는 그 수에 놀랐다. 둘째, 그 서른아홉 번의 채찍질을 5번이나 당했다는 사실에 놀랐다. 그것도 아마 바로 그 상처난 등을 내리쳤을 것이다. 셋째, 그같은 채찍질을 한 자들이 바울이 어딘가에서(롬 9:3) "친척"이라고 불렀던 유대인들이라는 사실이다.

그 채찍질을 한 번 상상해보라. 한 번 한 번 내리칠 때마다 수를 세어보라. 아무리 채찍질하는 사람이 너그럽게 하려고 한다 해도, 결국 살이 찢어지고 말 것이다. 더군다나 이 채찍질이 관대한 형벌이었다는 암시가 전혀 없다. 바울의 유대인 대적자들이 채찍질을 수행했기 때문이다. 회당과 연루된 일에 있어, 이 채찍질은 가장 표준적인 처벌 방식이었다. 예수님도 이런 형벌이 있을 것이라고 말한 바 있다.

"사람들을 삼가라 그들이 너희를 공회에 넘겨 주겠고 그들의 회당에서 채찍질하리라"(마 10:17).

"그러므로 내가 너희에게 선지자들과 지혜 있는 자들과 서기관들을 보내매 너희가 그 중에서 더러는 죽이거나 십자가에 못 박고 그 중에서 더러는 너희 회당에서 채찍질하고 이 동네에서 저 동네로 따라다니며 박해하리라"(마 23:34).

구약성경은 범죄자에게 채찍질을 할 때 최대 몇 번까지 할 수 있는지를 정하고 있다. 채찍질 횟수는 범죄의 경중에 따라 달라지지만 어떤 경우에도 최대 40회는 넘지 않아야 했다.

"악인에게 태형이 합당하면 재판장은 그를 엎드리게 하고 그 앞에서 그의 죄에 따라 수를 맞추어 때리게 하라 사십까지는 때리려니와 그것을 넘기지는 못할지니 만일 그것을 넘겨 매를 지나치게 때리면 네가 네 형제를 경히 여기는 것이 될까 하노라"(신 25:2-3).

40회를 넘겨서는 안 되는 또 다른 이유가 있다. 채찍질은 사형이 아니기 때문이다. 그럼에도 불구하고 한 유대교 문헌에서는 채찍질하는 도중에 혹은 끝난 후에 죄수가 죽을 수도 있다는 사실을 경고하고 있다(m. Makkot 3:14). 이는 결코 가벼운 매질이 아니었다.

따라서 바울은 관대한 처벌을 받은 것이 아니다. 치명적인 핍박이었으며, 그는 허용된 최대치의 채찍질을 당한 것이었다. 대부분의 학자들은 채찍질 횟수를 잘못 헤아려 최대치인 40회를 넘겨 율법을 어기는 일이 없도록 40회 대신에 아예 39회를 때린 것이라는 데 동의한다. 이 다섯 번의 채찍질로 핍박이 끝난 것은 아니었다. 채찍질을 당한 그의 등에는 줄이 생기고, 피부는 약해지고, 굳은 반흔조직이 생겨서 움직일 때마다 고통스러웠을 것이다.

나는 여러분에게, 이 서른아홉 대의 채찍질이 그의 등에 어떤 영향을 미쳤을지를 상상해보라고 하고 싶다. 항생제나 반흔조직을 복원하는 성형기술이 없었던 시대에 그의 치유 과정을 한 번 상상해보라. 그리고 그런 일이 한 번 더 그 등에 일어났다고 생각해보라. 낫는 과정은 더 오래 걸릴 것이다. 그리고 다시 세 번째로 그 등에 채찍을 내려친다. 반흔조직은 여전히 약한 채로 그대로 있고 절대로 잘 붙지 않았으니 이번에는 회복하는 과정이 더 더디다. 그런데 그 상처난 등에, 부분적으로는 다 나은 등에, 다시 네 번째 채찍질이 가해진다. 그리고 마침내 바울이 그 위에 다섯 번째 채찍을 맞았다고 상상해보라.

내가 "이렇다고 상상해보라"고 말하는 이유는 육신의 고통이 몸에 전해져오게 하려는 목적뿐만 아니라 하나님과 여러분의 대적자들, 즉 유대 사람들을 향한 어떤 감정을 느끼게 하려는 데 목적이 있다.

바울이 하나님께로부터 온 한 말씀만 하면 자신을 핍박하는 자들의 눈을 멀게 할 수 있다는 사실(그러나 바울이 5번 핍박을 받을 때는 하지 않은 일)을 알고 있었지만(실제로 그런 일이 구브로에서 벌어졌다, 행 13:11), 그가 어떻게 그런 상황에서도 하나님께 분노하기를 거절하였는지를, 우리는 이미 보았다.

핍박하는 자를 향한 흔들림 없는 사랑

바울이 두 번째, 세 번째, 네 번째, 그리고 다섯 번째 채찍질이 오리라는 것을 알고 있었으면서도 하나님을 저주하지 않은 것은 참으로 놀라운 일이다. 하지만 더 놀라운 것은 그가 실제로 자신을 채찍질한 유대 백성들을 향한 사랑도 포기하지 않았다는 사실이다. 로마세계의 회당에서 복음을 전할 때 이런 일이 반복하여 일어났는데도, 왜 그는 복음 전하는 일을 그만 두지 않았을까? 두 가지 주된 이유를 말할 수 있다.

첫째, 하나님은 바울이 전적으로 헌신한 은혜의 복음이 먼저는 유대인에게요, 그리고 헬라인에게 향하도록 계획하셨기 때문이다. 바울은 로마의 그리스도인들에게 "내가 복음을 부끄러워하지 아니하노니 이 복음은 모든 믿는 자에게 구원을 주시는 하나님의 능력이 됨이라 먼저는 유대인에게요 그리고 헬라인에게로다"(롬 1:16)라고 편지를 쓰고 있다. 바울은 회당을 먼저 찾아갔고, 그리고 난 후 이방인들에게로 향하였다.

둘째 이유는 좀 더 개인적이다. 그는 자기 친족 유대인들을 사랑했다. 유대인들의 복음 거절은 그에게 영적인 고통이 되었다. 그 슬픔으로 인해 생긴 친족 유대인들에게 복음을 전하겠다는 의욕이 채찍질 때문에 꺾인 의욕보다 훨씬 더 강했다. 그는 이렇게 편지하고 있다.

"나의 형제 곧 골육의 친척을 위하여 내 자신이 저주를 받아 그리스도에게서 끊어질지라도 원하는 바로라…형제들아 내 마음에 원하는 바와 하나님께 구하는 바는 이스라엘을 위함이니 곧 그들로 구원을 받게 함이라"(롬 9:2-3; 10:1).

바울이 유대인의 손으로 사십에 하나 감한 매를 다섯 번이나 맞으면서도 참는 것을 볼 때, 그러고도 "아무쪼록 몇 사람이라도 구원하고자 함이니"(고전 9:22)라고 말하면서 매번 이 사랑하는 사람들에게로 돌아오는 것을 보면서, 나는 그리스도를 향한 사랑이고, 복음을 향한 사랑이며, 자기 동족을 향한 사랑인, 그 사랑에 감탄하지 않을 수 없다.

바울의 예수 사랑

나는 이 사람 안에서 예수님을 본다. 이는 예수님께서도 "그러나 너희 듣는 자에게 내가 이르노니 너희 원수를 사랑하며 너희를 미워하는 자를 선대하며 너희를 저주하는 자를 위하여 축복하며 너희를 모욕하는 자를 위하여 기도하라"(눅 6:27-28)라고 말씀하셨기 때문이다.

예수님은 그 사랑을 십자가 위에서 실천하셨다. 바울은 "박해를 받은즉 참고 비방을 받은즉 권면하니 우리가 지금까지 세상의 더러운 것과 만물의 찌꺼기 같이 되었도다"(고전 4:12-13)라고 말한다. 그는 자신의 상처를 죽음으로 보여주신 예수님의 사랑의 흔적과 같다고 보았다: "우리가 항상 예수의 죽음을 몸에 짊어짐은 예수의 생명이 또한 우리 몸에 나타나게 하려 함이라"(고후 4:8-10).

이런 이유로, 나는 바울을 외경심을 가지고 바라보며 그를 사랑하지 않을 수 없다.

5장

비천함과 풍부함에 개의치 않는
자족의 사람

바울은 자신의 고난을 축소하거나 가볍게 생각하지 않았으며, 고난 때문에 더 악화되지도 않았다. 오히려 고난 속에 두신 하나님의 자비한 목적 안에서 자족함을 얻었다.

나는 고난을 당하면서도 불평하지 않는 이들을 보면 감동한다. 특히 하나님을 믿는 믿음으로 그에게 분노하거나 비난하지 않을 때 그렇다. 나는 '불평하지 않음'(not murmuring)이 이제는 거의 찾아볼 수 없는 이 세상의 특징들 가운데 하나라고 생각한다. 그것이 하나님, 특히 고통스런 현실을 얼마든지 바꿀 수 있는데도 그렇게 하지 않으시는 하나님을 향한 믿음과 긴밀하게 결합될 때, 이 '불평하지 않음'은 아름다운 하나님 신뢰와 하나님 공경이 갖는 특징이 된다. 바울은 그와 같은 사람이다.

거의 죽을 뻔한 상황에 이르다

바울은 자신이 거의 절망과 죽음에 처하여 자신의 믿음이 시험을 받았던 때에 대해 말한다.

"형제들아 우리가 아시아에서 당한 환난을 너희가 모르기를 원하지 아니하노니 힘에 겹도록 심한 고난을 당하여 살 소망까지 끊어지고 우리는 우리 자신이 사형 선고를 받은 줄 알았으니 이는 우리로 자기를 의지하지 말고 오직 죽은 자를 다시 살리시는 하나님만 의지하게 하심이라 그가 이같이 큰 사망에서 우리를 건지셨고 또 건지실 것이며 이 후에도 건지시기를 그에게 바라노라"(고후 1:8-10).

이는 정말 주목할 만한 고난들이다. 첫째, 강도가 혹독한 고난이다: "우리 자신이 사형 선고를 받은 줄 알았으니."

둘째, 이 고난에는 목적이 있고 계획이 있다: "이는 우리로 자기를 의지하지 말고 오직 죽은 자를 다시 살리시는 하나님만 의지하게 하심이라"

셋째, 이 목적은 하나님의 목적이었다. 사탄은 바울이 하나님을 의지하는 것을 원치 않기에 그것은 사탄이 목적일리는 없었다.

바울이 자신의 고난(그것이 아무리 혹독했더라도)에 관하여 믿은 사실은 그것이 궁극적으로 하나님의 목적에서 비롯되었고, 그 목적은 바울이 자기 자신은 덜 신뢰하고, 삶의 어느 때나, 특별히 죽음에 가까이 다가간 순간까지도 하나님을 더 신뢰하도록 하는 것이라는 사실이다.

불평하지 않는 삶을 위한 열쇠

이것이 바울이 고난 중에도 불평하지 않을 수 있었던 방식으로 보인다. 그는 하나님께서 모든 것을 주관하고 계시다는 것을 알았으며, 하나님의 목적은 전적으로 바울의 유익을 위한 것임을 알았다. 바울은 성경 다른 몇몇 곳에서 이 진리를 구체적으로 제시하고 있다.

"다만 이뿐 아니라 우리가 환난 중에도 즐거워하나니 이는 환난은 인내를, 인내는 연단을, 연단은 소망을 이루는 줄 앎이로다 소망이 우리를 부끄럽게 하지 아니함은 우리에게 주신 성령으로 말미암아 하나님의 사랑이 우리 마음에 부은 바 됨이니"(롬 5:3-5).

다시 한 번, 바울이 고난 중에도 불평하지 않을 수 있었던(실제로는 기뻐하였다) 것은 그에게는 하나님께서 자기 안에서 무언가 중요한 일(인내와 소망을 이루는 일)을 행하고 계신다는 확신이 있었기 때문이다.

이 땅에서는 보상 받지 못하는 고난

그렇다면 이 고난이 죽음으로 끝날 뿐, 하나님을 의지하는 마음(고후 1:9)과 인격이 성숙하고 소망이 자라는(롬 5:4) 것과 같이 이 지상에서는 좀처럼 삶에 새 장이 열리지 않는 것을 어떻게 봐야 하는가? 바울은 이 질문에 대해서 잘 알고 있었고, 고린도후서 4장 16-18절에서 그 대답을 해주고 있다.

"그러므로 우리가 낙심하지 아니하노니 우리의 겉사람은 낡아지나 우리의 속사람은 날로 새로워지도다 우리가 잠시 받는 환난의 경한 것이 지극히 크고 영원한 영광의 중한 것을 우리에게 이루게 함이니 우리가 주목하는 것은 보이는 것이 아니요 보이지 않는 것이니 보이는 것은 잠깐이요 보이지 않는 것은 영원함이라"(고후 4:16-18).

여기서 보여주는 것은 인간의 생명이 고난이든, 질병이든, 늙음을 통하여 점진적으로 낡아져간다는 것이다. 다시 말해서 이 고난 이후 펼쳐지는 다음 장은 이 땅에서 전개되는 더 큰 믿음과 소망의 계절이 아니라는 것이다. 다음 장은 하늘이다.

그렇다면 날로 커져가는 고난, 그래서 이제 죽음에 이를 만큼 혹독한 고난 속에 담긴 중요한 의미는 무엇인가? 이제 우리 가운데 몇 년 안 남은 사람들이 고통 중에, 고난 중에, 죽음의 위협 속에서도 어떻게 불평하지 않을 수 있는가? 바울은 이생에서의 고난은(만약 우리가 그리스도를 신뢰함으로 인내한다면) 실제로 하늘에서 더 큰 영광을 만들어낸다고 대답한다. "환난의 경한 것이 지극히 크고 영원한 영광의 중한 것을 우리에게 이루게 함이니"

놀라운 자족

따라서 바울의 삶이 끝없는 고난의 삶으로 보이지만(고후 11:23-33, 3장을 보라), 바울이 불평하는 모습은 거의 없고, 하나님을 거스른 적도 없다. 그는 파괴적인 실수나 거짓 교사들을 향해서는 분노하였다(갈 1:8-9; 5:12). 그리고 자신이 느끼는 압박감과 부담을 토로하기도 하였다(고후 11:28). 그러나 그럼에도 불구하고 이 모든 상황 속에서 그가 보여준 자족하는 모습은 이례적이었다.

그는 자족하는 비결(secret)을 배웠다고 말한다.

"내가 궁핍하므로 말하는 것이 아니니라 어떠한 형편에든지 나는 자족하기를 배웠노니 나는 비천에 처할 줄도 알고 풍부에 처할 줄도 알아 모든 일 곧 배부름과 배고픔과 풍부와 궁핍에도 처할 줄 아는 일체의 비결을 배웠노라 내게 능력 주시는 자 안에서 내가 모든 것을 할 수 있느니라"(빌 4:11-13).

이 "비밀"(곁)은 모든 것을 만족시키는 그리스도의 현존과 가치인 듯 보이며(빌 3:8), 또한 이 비밀은 모든 것이 합력하여 선이 되도록 역사하시는 하나님의 자비로운 주권에 대한 바울의 신뢰를 가리키는 것으로 보인다(빌 1:12; 롬 8:28).

바울이 온갖 고난 속에서도 겸손하게 하나님을 의지하고 하나님을 사랑하며 자족하는 마음을 유지하는 것을 보면서, 나는 이 사람에 대한 존경심을 갖지 않을 수 없다.

내가 바울을
사랑하는
30가지 이유

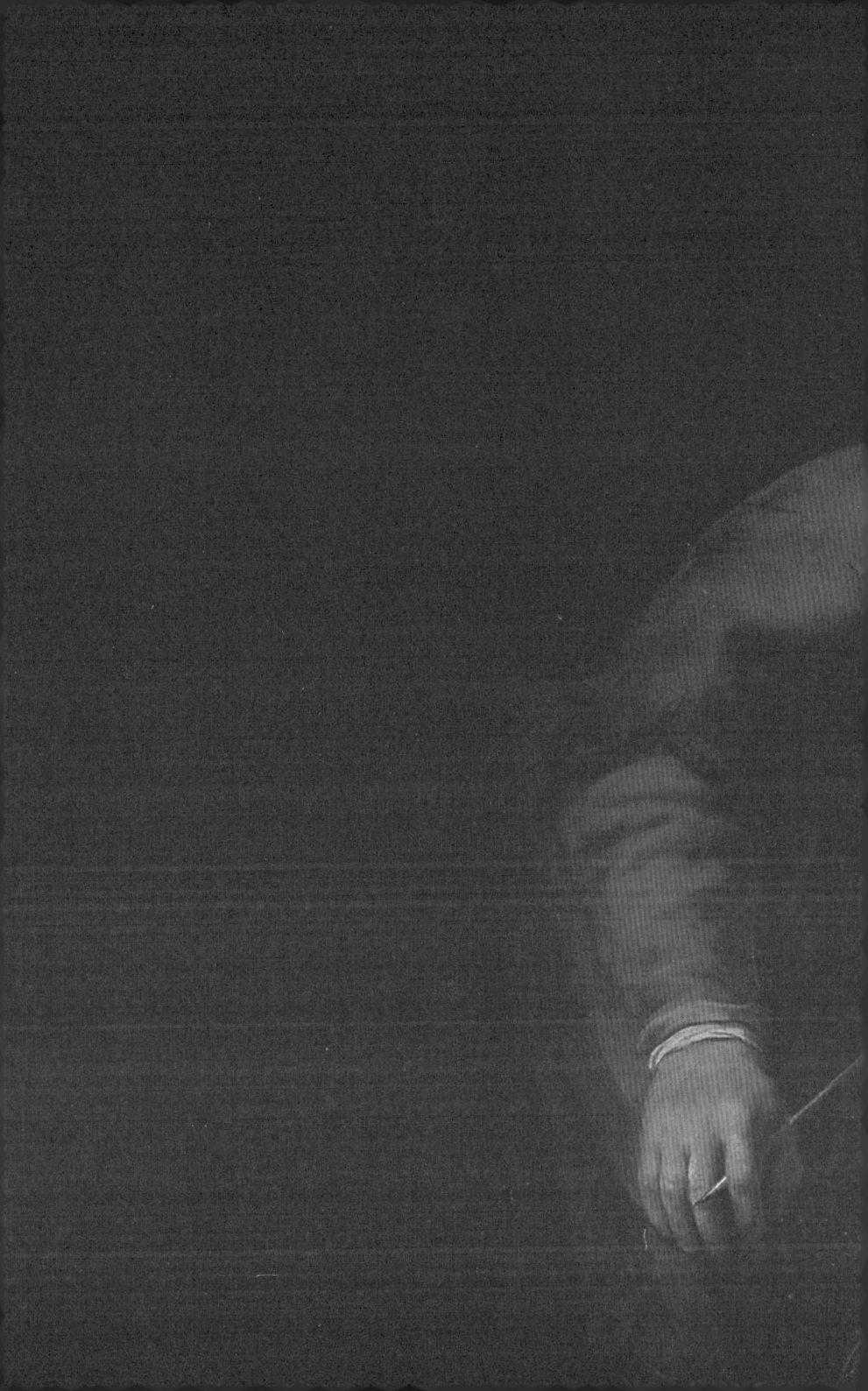

2부

삶을 사랑으로 빚어가다

6장

만족할 만한 죽음을 통해, 그리스도를 높이는 사람

바울은 내가 삶에서 해결하지 못한 가장 큰 긴장들 가운데 하나로부터 빠져나와, 내가 "기독교 쾌락주의"(Christia Hedonism)라고 부르는 것을 발견하도록 이끌어 주었다.

대학교 다닐 때, 나는 나의 신앙으로는 해결하지 못한 문제 하나를 품고 살았다. 성경과 부모님에게서 하나님의 영광을 위해서 살아야 한다는 사실은 이미 배웠다. "그런즉 너희가 먹든지 마시든지 무엇을 하든지 다 하나님의 영광을 위하여 하라"(고전 10:31). 내가 무슨 일을 하든지 그 동기는 사람들로 하여금 하나님의 위대하심과 아름다움이라는 현실을 볼 수 있도록 돕는 것이어야 한다는 뜻이었다.

하지만 다른 한편으로, 나는 행복하고 싶었다. 이 갈망을 끌 수 없었다. 식사 시간 사이에 배가 고파오는 것만큼이나 자연스런 일이었다. 스코틀랜드의 설교자 토마스 보스톤은 3백 년 전에 이런 말을 하였다:

"인간이 어떤 존재인지 생각해보라. 그는 (1) 행복을 갈망하는 존재이며, 갈망할 수밖에 없는 존재이다. 행복을 향한 갈망은 그 본성과 연결되어 있어서 제거할 수 없다. 숨 쉬는 것이 자연스러운 만큼 행복을 추구하는 것은 자연스러운 일이다. (2) 인간은 자충족적 존재가 아니다. 인간은 자신이 많은 것을 원하고 있는 자기 자신에 대해서 잘 안다. 따라서 인간은 행복해지기 위해 자기 자신이 아닌 다른 무언가를 계속해서 추구한다."[1]

나는 이 두 동기들이 서로 대치하고 있다고 느꼈는데, 이것이 나에게는 해결이 안 된 긴장이었다. 즉 나 자신의 행복을 향한 갈망이 동기일 경우에는, 하나님께 영광을 돌리겠다는 동기의 순수성이 훼손되는 것처럼 생각한 것이다. 어쨌든 예수님은 "나를 따라오려거든 자기를 부인하라"(막 8:34)고 하시지 않았는가?

금괴에서 철 고리로

대학을 졸업한 직후 신학교 1학년 때, 전에는 한 번도 해보지 않은

---

[1] Thomas Boston, *An Illustration of the Doctrine of the Christian Religion*, vol. 1, *The Whole Works of Thomas Boston*, ed. Samuel M'Millan (Aberdeen: George & Robert King, 1848), 16.

방법으로 바울을 공부하기 시작했다. 그 때까지 나는 성경을 주로 진리와 지혜를 담은 금언집으로 생각했었다. 나는 날마다 이 금괴로 가서 한 개의 귀금속들을 발견하고는, 그것들을 그 날 내내 가지고 다녀야 한다고 생각했다.

하지만 거의 하룻밤 사이에 나는 엄청난 진리를 알게 되었는데, 그건 성경 저자들은, 특별히 바울은, 단순히 그런 귀금속들이나 심지어 진주 목걸이 같은 것들을 모아둔 것이 아니라는 사실이었다. 바울은 다른 어떤 저자들보다 더욱 엄밀하게 깨뜨릴 수 없는 논리의 강철 사슬로 견고한 상관성을 만들어내고 있다. 나는 논리라는 것이 많은 사람들에게 폭발적이거나 활력을 불어넣는 말은 아니라는 것을 잘 알고 있다.

하지만 이제 이 논리가 왜 나에게 대단히 활력을 불어넣는 단어이며, 그것이 어떻게 내가 수년 동안 갖고 살았던 문제를 해소하는 열쇠를 제공했는지를 설명하려고 한다.

자유케 하는 사슬이 만들어지기 시작하다

바울 서신 가운데 빌립보서를 보자. 1장에서 그는 이렇게 말한다.

"나의 간절한 기대와 소망을 따라 아무 일에든지 부끄러워하지 아니하고 지금도 전과 같이 온전히 담대하여 살든지 죽든지 내 몸에서 그리스도가 존귀하게 되게 하려 하나니 이는 내게 사는 것이 그리스도니 죽는 것도 유익함이라"(빌 1:20-21).[2]

바울은 내 인생의 긴장의 처음 절반, 즉 하나님의 영광을 위해서 살고자 하는 바람을 표현하고 있다는 사실에 주목하라. 그는 자신의 "간절한 기대와 소망"은 (하나님의 온전한 계시인) 그리스도가 자기 몸에서 "존귀하게 되게" 하는 것이라고 말했다. 이것이 바로 내가 늘 내 삶의 목표로 삼는 것이다. 나도 타인에게, 하나님께서는 그리스도 안에서 계시된 대로 얼마나 존귀한 분인지 보여주기 원한다. "모든 것을 하나님의 영광을 위해서 하라"

전에는 이것을 그 시절 내 추억의 호주머니 속에 간직해둘 만하고, 사모하여, 언젠가 나의 인생에서도 실재가 되도록 기도할 만한 아름답고 소중한 것으로 생각했을 것이다. 하지만 이제 나는 한 지혜로운 스승에 이끌려 이것을 귀금속이 아니라 추론의 사슬로 연결된 고리로 보고 있다. 나와 함께 좀더 가보자.

논증이 등장하다

바울이 20절에서 "살든지 죽든지" 내 몸에서 그리스도께서 존귀하

---

[2] ESV에서는 "존경을 받다"(honored)로 번역하고 있지만, 이 장에서, 그리고 본서에서는 줄곧 헬라어 *megalunthesetai*를 "magnified"로 번역하였다.

게 되게 할 것이라고 말하고 나서, 곧 21절에서 그 근거를 제시하고 있다. 21절 맨 앞에 있는 왜냐하면(for, 헬라어 가르)이라는 단어에 주목하라(사슬이 형성되고 있다는 분명한 표시다). 이유를 나타내는 단어들이나 구들(for, because since, therefore, in order that)에 대해서 이전에는 거의 주목하지 않았었다. 그러나 이제 나는 이 단어들이 바울에게 상관성을 형성하고 귀금속을 연결고리로 서로 연결하는 단어들로 생각하기 시작했다.

내가 20절과 21절 간에 상관성을 찾으려고 할 때, 나는 20절에 있는 "살든지 죽든지"라는 단어가 "사는 것도 그리스도니 죽는 것도 유익이라"는 단어들과 상응한다는 사실을 알게 되었다. 21절 맨 앞에 있는 왜냐하면(for)이라는 표현과 두 구절 모두 삶과 죽음을 언급하고 있다는 점은 21절에서 그리스도께서는 죽든지 살든지 바울의 몸에서 존귀하게 드러날 것이라는 사실을 설명하고 있음을 의미한다.

그렇다면 이 논증은 어떻게 작용하고 있는가? 만약 여러분이 논증 방식을 알고, 이 논증이 나에게 그랬던 것처럼 여러분의 영혼 중심까지 파고든다면, 다시없는 경험이 될 것이다.

자, 20절에 나온 죽음과 21절에 나오는 죽는다라는 표현 사이의 상관관계에 초점을 맞추어보라.[3] 바울의 죽음이 그리스도를 존귀하게 만든다는 것이 어떻게 가능한가?

바울은 이렇게 말하고 있다: "나의 간절한 기대는 그리스도가 존귀

3] 다른 곳에서 어떻게 다른 한쌍(삶과 살다)이 그리스도를 존귀하게 하는 역할을 하는지를 설명한 바 있다. https://www.desiringgod.org/interviews/to-live-is-christ-what-does-that-mean을 참조하라.

하게 되게 하려 하나니…이는 내게 죽는 것도 유익함이라"

바울의 죽음이 어떻게 그리스도를 존귀하게 되게 한다는 것인지가 보이기 시작하는가? 그는 이렇게 말하고 있는 것이다: "나의 죽음이 그리스도를 존귀하게 하는데, 이는 나에게 죽는 것이 유익이기 때문이다."

그리스도를 존귀하게 하는 열쇠는 죽음을 유익으로 경험하는 것이다. 다시 말하면, 죽음을 통해서 그리스도를 존귀하게 하는 열쇠는 죽음을 만족할만한 것(satisfying)으로 경험하는 것이다.

어떻게 죽음이 만족할만한 것이 될 수 있는가?

죽음이 만족할만한 것이라고? 충격적인 말이다. 여러분이 죽으면, 배우자도 사라지고, 성적인 기쁨도 사라지고, 아이들도 사라진다. 꿈도 사라지고, 꿈같은 은퇴 후 삶도, 취미도 사라진다. 부활의 날이 오기까지 몸과 그 몸으로 하는 모든 즐거움도 다 사라진다. 모든 상실이 유익이 될 수 있다고 바울이 말한 것은 무슨 뜻인가? 그는 22-23절에서 다음과 같이 대답하고 있다.

"그러나 만일 육신으로 사는 이것이 내 일의 열매일진대 무엇을 택해야 할는지 나는 알지 못하노라 내가 그 둘 사이에 끼었으니 차라리 세상을 떠나서 그리스도와 함께 있는 것이 훨씬 더 좋은 일이라".

바울에게 죽는 일은 그리스도와 함께 있음을 의미한다. 그는 이것이 현재 이 세상에서의 삶보다 훨씬 더 바라는 일이라고 말한다. 바울이 이 물리적인 세상에서 누릴 수 있는 모든 즐거움과 그리스도와 얼굴과 얼굴을 마주하며 누리는 즐거움을 비교하면서, 비록 그 죽음이 이 땅의 모든 즐거움들을 다 거둬간다 할지라도, 그는 죽음을 유익한 것이라고 말한다. 죽음은 그에게 그리스도와의 좀더 친밀한 경험을 가져다준다. 이것이 유익이다. 그가 빌립보서 3장 8절에서 말한 것도 이와 같다: "또한 모든 것을 해로 여김은 내 주 그리스도 예수님을 아는 지식이 가장 고상하기 때문이라 내가 그를 위하여 모든 것을 잃어버리고 배설물로 여김은 그리스도를 얻고"

내 삶의 긴장이 해소되다

20-23절이 제시하는 논리의 사슬에 따르면, 우리의 죽음을 통해 그리스도가 어떻게 존귀하게 된다는 것인가? 이 세상 삶이 우리에게 줄 수 있는 모든 즐거움보다 우리가 그리스도로 인하여 더 만족할 때, 그리스도는 우리의 죽음을 통하여 더욱더 존귀한 분으로 드러난다는 것이 바울의 대답이다.

이것이 나에게 얼마나 놀라운 사실인지 알 것 같은가? 이것은 하나님을 영화롭게 하고 싶은 나의 바람과 내가 행복하고 싶은 나의 바람 간의 긴장을 해소하는 열쇠를 주었다.

이것이 내가 "기독교 희락주의"(Christian Hedonism)라고 부르는 것이 태동되는 순간이었다. 나는 지난 50년 동안 이 기독교 쾌락주의 방식대로 살아왔다.

나는 이것을 운율이 실린 모토로 다시 표현해보았다: 하나님께서는 우리가 하나님 당신을 가장 기뻐할 때, 하나님은 가장 큰 영광을 받으신다. 지금껏 내 논지를 잘 따라왔다면, 이런 주장을 내가 느닷없이 하고 있는 것이 아님을 잘 알 것이다. 빌립보서 1:20-23의 논리를 핵심만 요약하면 이렇다: "그리스도는 내가 고난과 죽음 가운데서 그분으로 인해 가장 만족해할 때, 내 안에서 가장 존귀하게 되신다." 이것이 내가 기독교 희락주의라고 불렀던 것이 의미하는 바이다.

얼마나 우리를 자유하게 하고 안심하게 하는 진리인가! 내 마음 속 긴장을 해소해주었다. 나는 하나님을 영화롭게 하기 원하는 열망과 만족한 삶을 바라는 나의 열망이 결코 양자택일의 문제가 아니라는 것을 알게 되었다.

바울은 그리스도께서 그 분 안에서 내가 만족스런 삶을 사는 대신에(instead of)가 아니라, 그 삶을 통해서(by means of) 그리스도께서 존귀하게 된다고 말하고 있다. "대신에"가 아니라 "통해서"라는 말을 이해하겠는가? 이것이 모든 것을 바꿔놓았다.

이 세상 그 모든 것보다 그리스도 안에서 내가 누리는 기쁨(심지어 고난과 죽음의 순간에도)이 그리스도를 존귀하게 한다. 따라서 나의 만족의 추구(행복의 추구)는 단지 허용되는 정도가 아니다. 그것은 의무이다. 하나님을 영화롭게 하는 것이 의무이기 때문이다. 만약 여러분이 다른 모든 것보다 하나님을 더 기뻐하지 않는다면, 하나님을 가장 영화롭게 할 수 없다.

진리가 되기에 너무 좋은

이는 진리가 되기에 너무 좋은 가르침이다. 나는 하나님 안에서 행복을 추구할 수 있을 뿐만 아니라 반드시 추구해야 한다. 나는 이 사실을 성경 전체를 통해서 보기 시작했다. 그것은 명령이었다: "여호와를 기뻐하라"(시 37:4). "주 안에서 기뻐하라"(빌 3:1).

만약 우리가 하나님 안에서의 이 기쁨 추구를 그친다면, 우리는 그를 배반하게 될 것이고, 그분의 가치를 왜곡되게 드러낼 것이다.

하나님을 기뻐하겠다는 열망 없이 하나님을 추구하는 것은 고상한 것이 아니다. 도리어 그것은 모욕이다. 그것은 마치 우리가 "하나님, 당신은 금보다 더 귀하시지만, 난 당신을 소중하게 여기고 싶지는 않아요" 혹은 "당신은 생명의 원천이요 기쁨의 강이십니다. 하지만 저는 당신으로 만족하고 싶지 않아요"라고 말하는 것과 같다.

노! 그것이 자기 부인처럼 들릴 지도 모른다. 하지만 이것은 그리스도께서 요구하신 그 자기 부인은 아니다. 그것은 하나님의 부인이다. 그리스도께서 요구하신 자기 부인은 쓸모없고 허망한 죄의 쾌락을 부인해야 하고, 그래야 하나님 안에서 영원히 온전한 기쁨을 누릴 수 있다는 뜻이다.

예수님께서 자기 부인을 요구하신 이유는 이것이다: "누구든지 자기 목숨을 구원하고자 하면 잃을 것이요 누구든지 나와 복음을 위하여 자기 목숨을 잃으면 구원하리라"(막 8:35).

목숨을 구원하라! 무엇을 위해서? 이것을 위해서이다: "주께서 생명의 길을 내게 보이시리니 주의 앞에는 충만한 기쁨이 있고 주의 오른쪽에는 영원한 즐거움이 있나이다"(시 16:11).

내 안에 있던 긴장이 해소되었다. 내 탐색은 끝이 났다. 내 삶의 이 위대한 발견을 하도록 인도한 이가 바로 놀라운 사람 사도 바울이다. 여러분도 내가 바울을 얼마나 애정하는지를 느끼기 시작했을지 모르겠다. 예수님 말고는 내 삶에서 바울만큼 내 삶을 변화시킨 진리의 보화로 나를 인도해준 이는 없었다.

7장

하나님 안에 있는 넘치는 기쁨으로, 이웃을 사랑하는 사람

바울은 내가 다른 사람들에게 선을 행함으로 기쁨을 추구하는 것이 하나님이나 사람들의 가치를 축소시키는 일일지 모른다는 두려움에서 자유롭게 해주었다.

바울이 나에게 하나님을 영화롭게 하는 것과 나의 영혼을 만족시키는 일이 서로 별개가 아님을 보여준 것은 나를 전율케 한 발견이었다. 바울은 하나님께서는 내가 여러분으로 인해 가장 만족할 때 가장 큰 영광을 받으신다는 진리를 성경의 다른 어떤 저자들보다 더 분명하게 전개하였다. 나는 이것에 관해 6장에서 다룬 바 있다.

하지만 이보다 더 감미로운 마음으로 바울에게 감사하고 싶은 이야기를 이 장에서 소개하려고 한다. 나는 다른 한 가지 중요하고 또 삶을 변화시키는 발견을 하는 데 있어서 다른 누구보다도 바울에게 빚을 졌다.

첫 번째 발견이 하나님을 영화롭게 하는 것과 내가 만족스러워지고자 하는 갈망 사이의 긴장을 해소해주었다면, 두 번째 발견은 하나님 안에서 행복하고자 하는 갈망과 이웃을 사랑하고자 하는 갈망 사이의 긴장을 해소해주었다.

풀리지 않는 또 하나의 긴장

여러분이 이웃에게 선을 행함으로써 여러분의 충만한 기쁨을 추구한다면, 정말로 이웃을 사랑하는 것이라고 할 수 있을까?

"사랑은 자기의 유익을 구하지 않는 것"(고전 13:4-5)이라고 말한 것도 결국 바울 아닌가? "누구든지 자기의 유익을 구하지 말고 남의 유익을 구하라"(고전 10:24)고 말한 곳도 있다. 또 "믿음이 강한 우리는 마땅히 믿음이 약한 자의 약점을 담당하고 자기를 기쁘게 하지 아니할 것이라"(롬 15:1)라고도 말한다. 남을 위해 선을 행함으로써 여러분 자신의 기쁨을 추구하면서도 어떻게 이웃을 사랑한다고 주장할 수 있는가?

이 질문은 내 자신의 기쁨을 추구하면서 하나님을 영화롭게 하는 길을 말한 첫째 질문만큼이나 절박하다.

예수님은 "가장 첫째 되고 또 위대한" 계명은 하나님을 사랑하라는 계명이라고 하였다. 하지만 그는 이웃을 사랑하는 계명도 "이와 같다"고 하였다(마 22:39). 따라서 행복하고 싶어하는 그칠 수 없는 마음으로 어떻게 이웃을 사랑할 수 있는가 하는 질문은 다른 어떤 질문보다 중요한 질문이다.

하나님 안에서의 기쁨 추구는 이웃을 사랑하는 것과 어떤 관계가 있는가? 바울은 하나님 안에서 누리는 순전한 기쁨, 성령께서 일깨우신 기쁨은 이웃 사랑을 가로막지 않으며, 도리어 실제로는 이웃을 향한 사랑으로 인해 그 기쁨이 더욱 풍성해진다는 사실을 내게 보여주었다. 그 기쁨은 확장력을 장착하고 있는 것이다. 하나님 안에서 누리는 기쁨은 이웃의 삶을 향하여 확장되어 그들이 그 기쁨을 나눠줄수록 자라간다.

다시금, 바울이 길을 제시하다

바울은 신약성경에서 가장 분명하게 이런 사실을 실례를 들어 설명해주고 있다. 고린도후서 8:1-2이 그것이다. 여기서 바울은 마게도냐 성도들과 그들이 보여준 놀라운 사랑의 방식을 가리키면서, 고린도 교회 안에 사랑을 고취시키려고 하고 있다.

"형제들아 하나님께서 마게도냐 교회들에게 주신 은혜를 우리가 너희에게 알리노니 환난의 많은 시련 가운데서 그들의 넘치는 기쁨과 극심한 가난이 그들의 풍성한 연보를 넘치도록 하게 하였느니라…내가 명령으로 하는 말이 아니요 오직 다른 이들의 간절함을 가지고 너희의 사랑의 진실함을 증명하고자 함이로라"(고후 8:1-2, 8).

마게도냐 성도 안에 있는 넘치는 사랑은 안락한 환경에 기인한 것이 아니라는 점에 주목하라. 그들은 "극심한 가난"과 "많은 시련" 가운데 있었다. 그들의 넘치는 기쁨은 그들이 받은 하나님의 은혜에서 기인하였다(1절). 그들의 죄가 용서되었다. 하나님의 진노는 하나님의 영원한 자비의 미소로 대체되었다. 죄책이 사라졌다. 지옥의 문이 닫혔다. 하늘이 열렸다. 성령께서 내주하신다. 소망이 마음에 가득하다. 그들은 아무런 자격이 없지만, 이 모든 것이 그리스도 때문이다. 하나님의 은혜가 주어졌다(1절).

이 "넘치는 기쁨"이 이웃을 향한 사랑의 원천이 되었다. 이보다 더 분명한 표현은 없다: "그들의 넘치는 기쁨이 그들의 풍성한 연보를 넘치도록 하게 하였느니라"(2절).

이것은 사랑이었다. 그는 8절에서 그것을 사랑이라고 부르고 있다: "너희의 사랑의 진실함을 증명하고자 함이로라". 진실하고 하나님을 높이는 사랑에 관한 바울의 정의는 이것이다: "사랑은 이웃의 필요를 채워주는, 하나님 안에서 누리는 넘치는 기쁨이다."

이웃을 향한 진실한 사랑 추구

이것은 우리가 얼핏 보았을 때보다 훨씬 더 심오한 진리이다. 바울은 "참된 행복은 이웃 사랑하기를 요구한다"라고 말하고 있지 않다. 물론 그것은 맞는 말이다. 이웃을 사랑하지 않으면 결국 행복하지도 않을 것이다. 하지만 이것은 중요한 논점을 놓치게 만들 수 있는 지나친 단순화이다. 요점은 가장 순전한 기쁨을 누리려면, 우리가 꼭 이웃을 사랑해야 한다는 것이 아니다. 그보다는 우리가 하나님 안에서 누리는 기쁨이 충만하여 연보의 형태로 이웃의 삶으로 흘러들어갈 때, 그 넘치는 기쁨은 사랑이 된다는 것이다. 이렇게 말할 수도 있다: 우리는 단지 행복하기 위해서 사랑을 추구하는 것이 아니라 사랑하기 위해서 하나님 안에서의 행복을 추구한다. 그것이 사랑으로 흘러넘친 (2절) 그들의 "넘치는 기쁨"이었다.

이런 생각이 나에게는 너무 급진적이었기 때문에, 나는 성경 다른 곳으로 이 사실을 시험하여 점검하고 싶었다. 나의 기쁨이 이웃을 향한 나의 사랑과 밀접하게 관련되어 있다는 것이 사실인가? 내가 발견한 것은 일련의 다음과 같은 성경의 명령들이었다.

- 인자를 사랑하라(미 6:8)
- 긍휼을 베푸는 자는 즐거움으로 할지니라(롬 12:8)
- 너희가 갇힌 자를 동정하고 너희 소유를 빼앗기는 것도 기쁘게 당

하라(히 10:34)
- 기쁜 마음으로 주라(고후 2:3)
- 하나님은 즐겨 내는 자를 사랑하시느니라(고후 9:7)
- 우리의 기쁨이 다른 이들의 기쁨이 되게 하라(고후 2:3)
- 양 무리를 치되 억지로 하지 말고 하나님의 뜻을 따라 자원함으로 하라(벧전 5:2)
- 즐거움으로 너희 영혼을 위하여 경성하라(히 13:17)

이 말씀들을 보고 나는 깜짝 놀랐다. 우리는 예외적인 것이나 독창적인 어떤 가르침을 다루고 있는 게 아니다. 이러한 가르침은 실제로 영혼을 꿰뚫고 삶을 급진적으로 변화시키는 가르침이다. 이웃을 향한 진실한 사랑의 추구는 기쁨의 추구를 포함하며, 이는 하나님 안에서 누리는 기쁨이 진실한 사랑의 필수 구성요소이기 때문이다. 이는 "그것이 우리를 행복하게 해주니 우리 모두 사랑합시다"라는 말이 아니다. 이는 "하나님 안에서 누리는 충만한 기쁨을 추구하십시오. 그러면 그 기쁨이 이웃을 향한 희생적인 사랑으로 흘러넘칠 것입니다."라는 말이다.

기쁨은 고통을 이기고 사랑을 지속시킨다

희생적인이라는 단어가 역설적으로 들릴지 모른다. 만약 우리의 기쁨이 이웃을 향해 흘러넘치고, 그래서 다른 사람을 그 기쁨으로 이끌어서 우리의 기쁨이 확장되고 있다면, 왜 우리는 그것을 희생이라고 불러야 하는가? 그 이유는 이 생에서 가장 큰 기쁨의 길은 종종 가장 큰 고난의 길이기 때문이다. 예수님께서 재림하신 후에 올 세상에서는 모든 고통이 사라질 것이다. 하지만 아직은 아니다. 이 생에서 사랑은 종종 고난을 수반한다. 실제로 우리는 우리의 생명을 잃어버리게 될 수도 있다. 하지만 바울은 "나는 이제 너희를 위하여 받는 괴로움을 기뻐하고"(골 1:24), "내가 우리의 모든 환난 가운데서도 위로가 가득하고 기쁨이 넘치는도다"(고후 7:4), "우리가 환난 중에도 즐거워하나니"(롬 5:3)이라고 말하며, 우리에게 본을 보여주고 있다.

고난 중에서도 건재하고 심지어 더욱 왕성해지는 이 기이하고 놀라운 기쁨이 존재하는 몇 가지 이유가 있다. 첫째, 예수님께서 우리에게 "주는 것이 받는 것보다 복이 있다"(행 20:35)라고 가르쳐주신 데서 이유를 찾을 수 있다. 이웃에게 흘러넘치는 기쁨은 우리에게도 더욱 풍성한 기쁨이 되는 것이다.

다른 이유는 "너희 중의 몇을 죽이겠지만" 결국 "너희 머리털 하나도 상하지 아니하리라"(눅 21:16, 18)라고 하셨기 때문이다. 예수님께서 "무릇 살아서 나를 믿는 자는 영원히 죽지 아니하리니"(요 11:26)라고 말씀하셨다. 세상은 우리가 죽는다고 생각한다. 하지만 예수님께서는 즉시 우리를 보호하시기에 생이 중단되지 않는다.

셋째 이유는 "하늘에서 네 상이 큼이라" 하신 약속 때문이다(마 5:12).

끝으로, 지금까지 행한 사랑 가운데 가장 위대한 사랑의 행위가 하나님 안에서 누리는 기쁨으로 유지되었기 때문이다: "믿음의 주요 또 온전하게 하시는 이인 예수를 바라보자 그는 그 앞에 있는 기쁨을 위하여 십자가를 참으사 부끄러움을 개의치 아니하시더니 하나님 보좌 우편에 앉으셨느니라"(히 12:2).

이것이 내가 목사로서 섬긴 지난 33년 동안, 고린도후서 6장 10절 말씀을 거듭거듭 찾아읽는 나의 본문으로 삼은 이유이다: "근심하는 자 같으나 항상 기뻐하고"

늘 그렇다. 근심할 때 동시에 기쁨도 있다. 결코 시간 순서가 아니다. 동시에 온다. 이웃을 사랑하려고 근심이 지나갈 때까지 기다릴 필요가 없다. 기쁨은 기다리지 않기 때문이다.

이 33년의 목회 기간 동안, 반복하여 불렀던 나만의 찬양은 "내 평생에 가는 길"이다:

"내 평생에 가는 길 순탄하여
늘 잔잔한 강 같든지
큰 풍파로 무섭고 어렵든지
나의 영혼은 늘 편하다
내 영혼 평안해
내영혼 내 영혼 평안해"

진실한 사랑은 사랑하는 이들을 위해 많은 헌신을 하게 한다. 그런 삶에는 많은 고통과 근심이 있다. 하지만 그리스도 안에는 영원한 희생이란 없다. 분명 예수님은 우리에게 자기 부정을 요구하신다. 그러나 그분이 자기 부정을 요구하신 이유는(우리가 6장에서 보았듯이) "누구든지 나와 복음을 위하여 자기 목숨을 잃으면 구원할"(막 8:35) 것이기 때문이다. 자기 부정(심지어 죽음)의 다른 편에는 하나님의 임재 앞에서 누리는 영원한 기쁨이 있다.

환대에 인색하지 말라

이웃의 유익을 위해서 한 희생이 우리에게 기쁨을 가져다준다는 이유로 불쾌해하는 사람을 만나본 적이 없다. 실제로 의무적인 사랑(더 심하게는 인색한 사랑)은 사람들에게 그들이 사랑을 받고 있다고 느끼게 해 줄 수 없다. 그들은 그 사랑을 짐으로 여긴다.

나는 히브리서 기자가 독자들에게 지도자들로 하여금 독자들의 영혼을 위하여 경성하기를 즐거움으로 하게 하고 근심으로 하게 하지 말아야 하는데, 그렇지 않으면 너희에게 유익이 없기 때문이라고 말한 것(히 13:17)에 바울이 동의할 것이라고 생각한다. 인색한 마음으로 하는 섬김은 타인에게도 유익이 없다. 좀더 긍정적으로 말하자면, 이웃을 돌보는 데서 기쁨을 발견한다면, 그것은 도움을 받는 이들에게도 큰 유익이 된다는 것이다. 그것이 사랑이다.

이것이 바울이 고린도 성도들에게 "너희 모두에 대한 나의 기쁨이 너희 모두의 기쁨인 줄 확신함이로라"(고후 2:3)라고 말한 이유이다.

그렇다! 만약 여러분이 나에게 와서 내가 기쁨을 누리기를 원한다면, 만약 여러분이 나를 사랑하기 원한다면 기쁨으로 오라! 모든 기쁨 중에 가장 큰 기쁨은 하나님 안에서 누리는 기쁨이다.

나에게 그 사랑을 가지고 오라. 그 사랑이 나를 향하여 흘러넘치게 하라. 그럼 나는 사랑을 받는다고 느낄 것이다. 그리고 여러분도 기쁠 것이다.

그러므로 바울은 다시 한 번 해냈다. 그는 나에게 하나님의 영광을 추구하는 것과 나의 행복을 추구하는 것이 서로 조화를 이룬다는 것을 잘 보여주었을 뿐만 아니라, 결코 꺼질 수 없는 행복 추구의 욕구가 이웃을 사랑하는 삶과 어떻게 조화를 이루는지도 보여주었다. 이웃을 향한 진실한 사랑, 그리스도를 존귀하게 하는 사랑, 성령의 권능을 입은 사랑, 그리고 희생적인 사랑은 하나님 안에서의 넘치는 기쁨이며, 그것은 타인의 필요를 채워줌으로써 확장되는 기쁨이다. 그러니 내가 이런 삶의 아름다운 길을 다른 누구보다도 분명하게 보여준 이 사람을 예수님 다음으로 어찌 사랑하지 않을 수 있겠는가?

8장

광적인 혈통적 오만에서, 가장 심오한 화해의 사람

과거에 바울은 유대인과 바리새인으로서 흠없는 종교적, 혈통적 가문에서 태어난 "히브리인 중의 히브리인"이었지만, 다양한 계층과 혈통적 배경을 가진 그리스도인들 사이에서 화해와 일치를 이루기 위하여 열정적으로 사역하였다.

내가 화해의 사역을 한 바울을 줄곧 좋아했던 것은 아니다. 나에게는 몇 년 동안 인종차별주의자로 살았던 부끄러운 시간들이 있었다.

그 때, 나는 1950, 60년대 남부 문화에 강하게 사로잡혀서 바울의 서신들이 나에게 지적하고 있었던 바를 볼 수 없었다. 물론 문화에 대한 나의 무지를 비난할 수는 있겠지만, 그렇다고 그것이 내 죄책을 경감시켜줄 것이라고 말하는 것은 아니다. 그 보기 흉한 인종차별의 시대에 나는 자발적인 연루자 이상이었다. 나는 이 전체 이야기를 『혈

통: 인종, 십자가, 그리스도인』(Bloodlines: Race, Cross, and the Christian)이라는 책에서 밝힌 바 있다.[1]

나의 해방자, 바울

물론 인종차별의 정도가 약해지기 시작하던 시기가 있었다(나는 시작했다고 말하는데, 이것은 눈가래가 완전히 사라진 것은 아님을 암시한다). 물론 이것은 단순히 사람의 힘으로 된 것은 아니었다. "창세 이후로 맹인으로 난 자의 눈을 뜨게 하였다 함을 듣지 못하였으니"(요 9:32). 이것은 성령을 통한 예수님의 은혜롭고 주권적인 역사였다. 물론 늘 그렇듯이 그분은 인간 대리인을 사용하신다. 인간의 말을 사용하신다. 실제로 그는 사도 바울을 사용하셨다. 바울도 한 때는 내가 아프리카 출신의 미국인들을 향해 가졌던 것처럼 이방인들을 향해서 편견을 가졌던 사람이었기에, 그는 나를 도울 수 있었다.

바울은 자신을 "히브리인 중의 히브리인"이라고 불렀다(빌 3:5). 바울은 핍박자의 열정과 바리새인으로서 무흠함을 갖춘 자신의 혈통적이고 종교적인 계보(빌 3:6)와 필적할 만한 상대가 거의 없다고 생각하였다(갈 1:14). 그는 아마도 동료 유대인 사도 베드로에게 "유대인으로서 이방인과 교제하며 가까이 하는 것이 위법인 줄은 너희도 알거니와"

---

[1] John Piper, *Bloodlines: Race, Cross, and the Christian* (Wheaton, Il: Crossway, 2011).

(행 10:28)라고 말했을 것이다.

그런데 그 후로 무슨 일이 일어났다. 그것은 파괴적인 일이기도 했고 해방시키는 일이기도 하였다. 그것은 바울이 갖고 있던 자랑의 모든 근거를 파괴해버렸다. 그것은 또한 인종이나 혈통이나 문화적 관습으로 제한되지 않는 새로운 인류로서 경험하도록 바울을 자유롭게 해 주었다. 바울은 혈통적이고 종교적인 구별을 통해서 이룬 자부심과 유익들을 다 버렸으며, 그것을 그리스도와 비교하여 배설물로 불렀다.

"그러나 무엇이든지 내게 유익하던 것을 내가 그리스도를 위하여 다 해로 여길뿐더러 또한 모든 것을 해로 여김은 내 주 그리스도 예수를 아는 지식이 가장 고상하기 때문이라 내가 그를 위하여 모든 것을 잃어버리고 배설물로 여김은 그리스도를 얻고"(빌 3:7-8).

십자가의 혁명을 깨닫다

하나님의 조명하시는 은혜를 힘입어, 바울은 그리스도의 십자가가 이룬 인종적 성취를 깨닫는다. 여기 그리스도께서 돌아가실 때 무슨 일이 있어났는지 보라.

"이제는 전에 멀리 있던 너희가 그리스도 예수 안에서 그리스도의 피로 가까워졌느니라 그는 우리의 화평이신지라 둘로 하나를 만드사 원수 된 것 곧 중간에 막힌 담을 자기 육체로 허시고 법조문으로 된 계명의 율법을 폐하셨으니 이는 이 둘로 자기 안에서 한 새 사람을 지어 화평하게 하시고 또 십자가로 이 둘을 한 몸으로 하나님과 화목하게 하려 하심이라 원수 된 것을 십자가로 소멸하시고 또 오셔서 먼 데 있는 너희에게 평안을 전하시고 가까운 데 있는 자들에게 평안을 전하셨으니 이는 그로 말미암아 우리 둘이 한 성령 안에서 아버지께 나아감을 얻게 하려 하심이라"(엡 2:13-18).

"그리스도의 피로…육체로…십자가로…둘을 하나로 만드사…원수 된 것을 허시고…둘을 한 새 사람을 지어…하나님과 화목하게 하려 하심이라…성령 안에서 아버지께 나아감을 얻게 하려 하심이라"

이것들은 혁명적인 표현들이다. 당시에나 오늘날에나 마찬가지다. 르완다에서나 캄보디아, 이란이나 사우스캐롤라이나에서도 그렇다.

이 표현들은 무엇보다 정치적이거나 사회적인 표현들이 아니다. 시민적인 인권과 관련한 단어들도 아니다. 이는 복음적인 단어들이다. 이것들은 피로 산 단어이며, 그리스도를 높이는 단어이며, 하늘이 열리는 단어들이다. 이는 하나님의 아들의 죽음으로 얻은 승리의 열매이다. 이 오래된 거친 십자가를 사랑하는 것은 십자가의 열매를 사랑하는 것이다. 그리스도는 "한 새 사람"을 만드시려고 돌아가셨다. 그리스도는 원수 된 것(적대감)을 없애려고 돌아가셨다. 그리스도는 "우리의 평화"가 되시려고 돌아가셨다. 그리스도는 아버지께로 나아가는

다양한 차별적 방법이 없도록 하려고 돌아가셨으며, 우리가 모두(즉, 여러분의 인종적 적대자와 함께) 한 성령 안에서 아버지께서 나아감을 얻게 하려고 돌아가셨다.

세상을 위해서가 아니라, 교회를 위해서

이 모든 것이 그리스도 안에 있다. 그리스도 안에서 여러분은 가까워졌다. 이것은 세속 문화를 위한 첫 번째 명령이 아니다. 이것은 그리스도 안에 있는 그리스도인들을 위한 첫 번째 명령이며, 이는 우리가 서로 간에 어떤 관계를 맺어야 하는지를 보여주는 명령이다. 이것은 교회에서 우리가 마땅히 맺어야 할 관계이다. 그리스도인 포로민들과 나그네들에게는 불신자들을 신자들처럼 행동하도록 만들어야 하는 책임이 없다. 하지만, 그리스도께서 그것을 성취하기 위해 돌아가신 일을 사랑하고, 또 그같이 행할 책임이 우리에게 있다.

바울은 골로새서 3:11에서 "그리스도 안에는", 그리고 교회 안에는 "거기에는 헬라인이나 유대인이나 할례파나 무할례파나 야만인이나 스구디아인이나 종이나 자유인이 차별이 있을 수 없다"고 말하고 있다. 그리스도께서는 모두에게 소중하며, 모든 사람 안에 거하시기 때문에, 인종적, 민족적 차이 때문에 더는 적대감이나 의심이나 불신이나 무례나 무관심이나 비난하는 생각들이나 말들이나 행동들이 생겨서는 안 된다.

바울은 유대적 혈통을 대단히 자랑하던 사람이었다가 그리스도 안에 있는 한 새 사람으로 변모된 자신의 모습을 얼핏 보여주고 있다. 바울이 자신의 적응능력에 관해 말하는 바를 주의하여 들어보라.

"내가 모든 사람에게서 자유로우나 스스로 모든 사람에게 종이 된 것은 더 많은 사람을 얻고자 함이라 유대인들에게 내가 유대인과 같이 된 것은 유대인들을 얻고자 함이요…율법 없는 자에게는 내가 하나님께는 율법 없는 자가 아니요 도리어 그리스도의 율법 아래에 있는 자이나 율법 없는 자와 같이 된 것은 율법 없는 자들을 얻고자 함이라…내가 여러 사람에게 여러 모습이 된 것은 아무쪼록 몇 사람이라도 구원하고자 함이니 내가 복음을 위하여 모든 것을 행함은 복음에 참여하고자 함이라"(고전 9:19-23).

그리스도인: 새 인종, 새 민족

이 말에는 굉장히 기이하고 놀라운 것이 들어 있다. 바울이 혈통적으로는 유대인임에도 불구하고, "유대인들에게는 유대인과 같이 되었다"고 말한다. 무슨 뜻인가? 어떻게 유대인이 또 유대인이 될 수 있는가? 바울이 민족을 바꾸어 이제 율법 바깥에 있는 이방인이 되었기에, 가끔은 유대인이 "될 수도" 있다는 뜻으로 말한 것인가? 아니다. 그가 율법 없는 자에게는 율법 없는 자 같이 되었다고 했기 때문이다. 그렇다면 그는 누구인가?

그는 그리스도인이다. 그는 그리스도 안에서 새로운 피조물이 되었다. 새로운 종류의 인간이었다. "누구든지 그리스도 안에 있으면, 그는 새로운 피조물입니다"(고후 5:17). 이런 종류의 사람으로의 부름(새로운 창조)은 "하나님을 따라 의와 진리의 거룩함으로 지으심을 받은 새 사람을 입는"(엡 4:24) 일이다. 그리스도는 자기 자신 안에서 한 새 사람을 지으시기 위해 돌아가셨다(엡 2:15).

우리가 사는 세상에서(즉 지구촌이 된 이 세상에서) 이 표현들을 생각하면 할수록 이 표현들은 더 놀랍고 급진적이고 혁명적으로 다가올 것이다. 우리 시대의 거의 모든 나라와 지역은 인종과 민족 갈등과 폭력으로 분열되어 있다. 이는 우리 시대의 문제이며 전 지구적 문제이다. 이런 민족과 인종 간의 갈등과 분열은 많은 지역에서 일어나고 있는 심각하고 치명적인 문제가 되었다.

바울이 없었으면 현재의 나도 없었다

인종과 민족의 문제에 관해서 바울보다 더 중요하고 또 더 영향력 있게 말한 예수님의 제자는 없었다. 나의 세계는 이 사람 때문에 뒤집어졌다. 그것 때문에 나는 바울을 사랑한다.

나는 지금도 그리스도 안에서 새 사람으로의 바울의 부름과는 아무 상관이 없는 사람으로 살 수 있었다는 생각을 하면 소름이 끼친다. 아마 나는 지금 설교하는 방식으로 설교하지 않았을 것이다. 또한 지금 살고 있는 방식으로도 살지 않았을 것이다. 아마 지금의 친구들도 없었을 것이며, 지금까지 써왔던 책들도 쓰지 못했을 것이다. 지금 내가 가지고 있는 교회와 하늘을 향한 소망 역시 품지 못했을 것이다. 나는 아프리카 출신의 미국인 딸을 두지 못했을 것이다. 나는 영적으로 그리고 이성적으로 비쩍 마른 사람이 되었을 것이다.

때로 나는 십자가 안에서 그리스도의 영광을 보고 십자가로 하나님께서 이루신 일을 보는 일을 거의 시작도 안했다고 느껴질 때가 있다. 하지만 나는 무언가를 보고 있다. 나는 다가올 시대에 이루어질 하나님의 영광스런 목적을 알 만큼은 그 미래의 현재 형태를 충분히 경험하였다. 그리스도의 피로 산 미래의 그림은 다음과 같다.

"그들이 새 노래를 불러 이르되 두루마리를 가지시고 그 인봉을 떼기에 합당하시도다 일찍이 죽임을 당하사 각 족속과 방언과 백성과 나라 가운데에서 사람들을 피로 사서 하나님께 드리시고 그들로 우리 하나님 앞에서 나라와 제사장들을 삼으셨으니 그들이 땅에서 왕 노릇 하리로다 하더라"(계 5:9-10).

모든 족속으로부터 온 사람들이 그리스도의 피로 구속을 받았다. 왜? 우리가 한 성전 안에서 그리스도와 함께 한 왕국에서 다스리며 주를 섬기는 제사장들이 되게 하기 위해서다. 적대감도, 갈등도, 불신도, 무례함도, 무관심도, 비난하는 생각들도 없고, 오직 온전한 사랑과 평화와 정의만 있는 나라를 만들기 위해서이다. 나를 위해 그런 나라를 그려준 사도 바울을 나는 사랑한다.

9장

암투병 중에,
가장 좋은 소식을 들려준 친구

의사가 이상증후가 있어서 조직검사를 해야겠다고 했을 때, 주께서는 바로 그 순간에, 그리고 이후 몇 달 동안 다음과 같은 바울의 말씀을 통해서 내가 침착할 수 있게 해주셨다: "하나님께서는 우리를 진노하심에 이르도록 정하여 놓으신 것이 아니다"

이 문장을 쓰기 2시간 전에, 친구에게서 전화 한 통을 받았다. 친구의 다 큰 아들은, 전문가들이 할 수 있는 일은 다 했고 이제 기적이 아니고는 그의 암은 치명적이라는 말을 한 의사에게 들었다고 한다. 이 아이마저 죽으면, 이 친구는 암으로 아들을 둘이나 잃게 된다. 내가 이것을 언급하는 것은, 누구든 나처럼 암이 치유 받는 것은 아니라는 고통스런 현실을 잘 알기 때문이다.

암과 투쟁한 내 경험과 관련하여 몇 가지 아이러니들이 있다. 나는 전립선암 검사를 결혼 37주년 기념일에 하였고, 암 제거 수술을 발렌타인데이 때 하였다. 암은 웃을 일이 아니지만 여러분이 웃는다면 그래도 좋다.

일상적인 검사, 그리고 모든 게 변하다

이런 상황에서 바울이 어떤 역할을 했는지를 보여주기 위해 일단 상황 설명부터 하자. 전립선 확장이 가져온 부작용을 수년간 치료해왔고, 이번에도 내 비뇨기과 담당자가 의례적으로 체크하는 검사였다. 당시 나는 60세였는데, 내 생각에는 나이에 비해 건강했다. 우리는 우리 안에서 무엇이 자라고 있는지도 모르면서 어떻게 우리가 건강하다가 전제하는지 참 이상한 일이다.

요즘 사람들이 "건강 어떠세요?"라고 물으면, 나는 전처럼 "좋아요"라고 절대 대답하지 않는다. "좋은 것 같아요"라고 대답한다. 그 말은 이런 뜻으로 번역할 수 있다.

"전 모르지요, 하나님만 아세요. 제가 아는 것은 제가 치명적인 암에 걸릴 수 있고, 내일 터질지 모르는 대동맥류 질환이 있을 수도 있고, 내 다리에 있는 혈전이 오늘밤 용해되어 자다가 치명적인 마비가 올 수도 있다는 것입니다."

암은 그냥 "좋아요"라고 말하던 간단한 나의 습관을 바꿔놓았다. 통상적인 검사를 끝낸 후, 의사가 말했다,

"이상증후가 보입니다. 조직검사를 해봐야겠습니다." 나는 잠시 멈칫 했다.

"좋아요, 당신이 그렇게 말한다면 해야지요. 언제 할까요?"

의사는 "지금 바로요."라고 말했다. 나는 상황이 충분히 이해될 때까지 다시 가만 있었다. 그러고 대답했다. "좋습니다."

의사는 다른 검사실로 나를 데려가고, 옷걸이에 걸린 긴 옷으로 갈아입으라고 했다. 몇 분 후에 검사기계를 가지고 돌아올 거라고 말하고 떠났다. 그가 나가고 나는 혼자 남았다.

시의적절한 바울의 선물

이 시점에서, 여러분은 여러분이 꼭 들어야 할 때 꼭 들어야 할 말을 해주는 친구를, 나와 가장 오래 함께 했던 친구들을 떠올릴 것이다. 나는 그 날 이른 아침, 내 친구 사도 바울과 아주 의미있는 시간을 보내고 여기 병원에 왔다. 실제로 그날 아침 바울의 말씀이 너무나 좋아서 두 구절을 암송하기까지 하였다.

두 다리를 내려뜨리고, 등이 트인 병원 가운을 입은 채 그 다음 무엇을 할지 모른 채 기다리면서 검사테이블에 앉아 있을 때, 바울의 말이 떠올랐다.

"하나님이 우리를 세우심은 노하심에 이르게 하심이 아니요 오직 우리

주 예수 그리스도로 말미암아 구원을 받게 하심이라 예수께서 우리를 위하여 죽으사 우리로 하여금 깨어 있든지 자든지 자기와 함께 살게 하려 하셨느니라"(살전 5:9-10).

이는 내게는 절묘한 선물이었다. 완벽한 타이밍에 배달된 선물이었다. 완벽하게 표현된 선물이었다. 바울은 그날 아침, 그 말씀을 내게 해주었다. 하지만 하나님께서 아침 묵상 시간에 그 말씀을 내가 읽도록 준비해주신 것이다. 하나님께서는 그 말씀을 암송하도록 내 마음에 담아주셨다. 그리고 검사실에서 내 마음에 떠오르게 하셨다. 그 순간, 하나님은 그가 주실 수 있는 가장 달콤한 선물로써 그 말씀들을 부여잡을 수 있도록 내게 믿음을 주셨다. 그것은 "너는 치유될 것이다."라는 말씀보다 더 달콤한 말씀이었다.

하나님의 통제 밖에 있는 세포는 없다

바울은 도구였다. 하나님의 대변인이었다. 나의 필요를 채워준 하나님의 대사였다. 나는 그의 대사의 목소리를 알았기 때문에 하나님의 목소리를 알았다. 이는 아주 오래되고 가치있는 바울의 목소리였다. 여기 그가 나에게 말한 수제(手製) 뉴스가 있다.

첫째, 그는 내게 "이제 네가 경험하게 될 것은(암이든지 아니든지) 진노가 아니다. 암에 걸린다 해도 그것은 하나님의 형벌 때문이 아니다."

라고 말해주었다.

이 말의 뜻을 온전히 이해하려면, 여러분은 누군가가 암에 걸릴지 그렇지 않을지 마저도 절대적으로 하나님의 주권 아래 있다고 믿는 바울의 흔들 수 없는 확신을 내가 공유하고 있었다는 점을 알 필요가 있다. 바울은 "이는 만물이 주에게서 나오고 주로 말미암고 주에게로 돌아감이라 그에게 영광이 세세에 있을지어다 아멘"(롬 11:36)이라고 말한다. 그는 또한 "모든 일을 그의 뜻의 결정대로 일하시는 이의 계획을 따라 우리가 예정을 입어 그 안에서 기업이 되었으니"라고 말한다(엡 1:11).

따라서 바울이 나에게 "이것은 하나님의 진노가 아니야"라고 말할 때, 그것은 "암에 걸리면 그것은 하나님에게서 나온 것이 아니야"라는 뜻으로 한 말이 아니라는 것이다.

그렇다. 만약 내가 암에 걸린다 하더라도(실제 그랬다), 그것은 분명히 하나님의 궁극적인 목적 때문에 일어난 일이다. 하나님께서는 우주에 있는 모든 분자들을 통제하신다. 그는 하나님이시다. 그의 통제 바깥에 있는 세포는 존재하지 않는다.

바울이 "이것은 하나님의 진노가 아니야"라고 말했을 때, 그가 의미한 것은, "암이든지 아니든지 하나님께서는 너를 벌주고 있는 것이 아니야"라는 뜻이다. 암은 벌이 아니다. 하나님께서는 자신의 목적을 가지고 계시고, 그 목적 안에는 내 죄에 대한 형벌은 포함되어 있지 않다. 그 목적은 모두 은총뿐이다. 모든 목적이 다 사랑이다. 내가 그것을 어떻게 알 수 있는가? 바울이 대답해주고 있다.

이제, 나는 잠시 후에 이 주제로 다시 돌아올 것이다.

죽음 없는 삶보다 나은 것

둘째, 바울은 내가 의사를 기다리는 동안 "이것은 하나님의 진노가 아니야"라는 말이 의미하는 긍정적인 부분도 말해주었다. 또한 그는 "하나님은 여러분을 진노하기로 정하신 것이 아니라 구원을 받도록 정하셨다"고 말해주었다.

이 암은 진노가 아니다. 그것은 구원을 위한 길이다. 구원은 진노 없음에 대한 긍정적인 상대이다.

바울의 이 말(구원을 받다)은 "조직검사 결과 암이 없는 걸로 판명날 것이고, 여러분은 암으로부터 구원을 받을 것이다"라는 뜻인가? 그렇지 않다. 그것은 그가 말하고자 한 바가 아니다.

질문의 여지가 없다. 실제로 바울은 이제 곧 그들이 발견해낼 암 때문에 내가 죽을 수도 있다고 말하고 있다. 그렇다면 무엇이 구원이란 말인가? 바울은 곧 그 문제에 대해 말할 것이다.

셋째, 바울은 나에게 하나님께서 내가 이 암 때문에 죽는 것으로부터 벗어나리라고 보장하시지 않는다고 말해주었다.

그는 "내가 깨어나든지 잠들든지" 구원을 받을 것이라고 말했다. 이는 "내가 죽든지 살든지"라는 뜻이다. 바울은 죽음을 잠이라고 불렀다. 죽음 다음에는 의식적으로 예수님과 교제할 수 없기 때문이 아니라(빌 1:23), 죽은 그리스도인의 몸이 자는 것처럼 보이기 때문이며, 몸은 마지막 날에 죽은 데서 부활할 것이기 때문이다(고전 15:20).

아마 여러분은 이 말이 나에게 약간의 위안만 줄 수 있을 뿐이겠거니 생각할지 모른다. 내가 이 암을 이기고 살아남을 것이라고 말해주지 않기 때문에 말이다. 하지만 이 말이 그런 식으로 내게 효과가 있었던 건 아니다. 그 순간에 내게 필요했던 위안은 이것보다 훨씬 더 견고하고 지속적이고 흔들 수 없는 위안이었지, 암이 나은 후 몇 년 더 사는 정도의 위안이 아니었다. 난 내게 필요한 것을 얻었다: "이것은 진노가 아니다. 너는 구원을 위해 작정되었다. 이는 네가 살든지 죽든지 진리이다. 절대적으로 진리이다."

가장 중요한 사실

넷째, 바울은 다음의 질문에 대해 놀랄 만한 대답을 해주고 있다: "여러분은 이 암이 여러분의 죄에 대한 하나님의 형벌이 아니라는 것을 어떻게 알 수 있는가?"

그의 대답은 이렇다: 그리스도께서는 이미 우리 죄를 위해 돌아가셨기 때문이다. 암이든지 아니든지, 삶이든지 죽음이든지, 바울은 "우리 위해 죽으신 우리 주 예수 그리스도로 말미암아 내가 구원을 얻을 것"이라고 내게 말해주었다.

이 순간에, 우리는 왜 바울이 "나도 전해 받은 중요한 것을 여러분에게 전해 드렸습니다. 그것은 곧, 그리스도께서 성경대로 우리 죄를 위하여 죽으셨다는 것과, 무덤에 묻히셨다는 것과, 성경대로 사흗날에 살아나셨다는 것입니다"(고전 15:3-4)라고 말했는지 깨달을 것이다. "중요한 것"은 "그리스도께서 우리 위해 죽으신 것"이다. 왜 그런가?

예수님이 우리 죄를 위해 죽으셨다면, 우리가 그 죄 때문에 죽지 않을 것이기 때문이다. 이것이 그가 오신 이유였다. 예수님은 십자가에 돌아가심으로써 하나님의 진노 아래 있는 나의 정죄를 담당하시기 위해 오신 것이다(요 3:36; 롬 8:3). 그를 믿음으로 그리스도와 연합된 자는 "심판을 받지 않고 죽음에서 생명으로 건너갔다"(요 5:24).

바울이 "이제 그리스도 예수 안에 있는 자에게는 결코 정죄함이 없다"(롬 8:1)라고 말했던 것도 바로 이런 이유 때문이다. 그리스도께서 정죄함을 담당하셨기에 결코 정죄함이 없다. 그리스도께서 진노를 담당하셨기에 결코 진노는 없다. 이것이 내가 조직검사를 기다리는 동안, 바울이 나에게 그토록 분명하고 단호하게 그리고 즐거이 "이 암이 진노가 아니다"라고 말했던 이유다.

바울의 선물은 한 개인의 약속이었다

바울이 나에게 말했던 마지막 말은 아주 개인적인 것이었다. 즉 그것은 소위 구원이 의미하는 바 바로 그것이었다.

"하나님이 우리를 세우심은 노하심에 이르게 하심이 아니요 오직 우리 주 예수 그리스도로 말미암아 구원을 받게 하심이라 예수께서 우리를 위하여 죽으사 우리로 하여금 깨어 있든지 자든지 자기와 함께 살게 하려 하셨느니라."

여러분이 살든지 죽든지 여러분은 살 것이다. 하지만 어떤 모호하고 불분명한 불멸이 아니라, 아주 구체적으로 여러분은 그와 함께 살 것이다. 즉 여러분을 위해 죽고 다시 사신 이와 함께 살 것이다.

여기에는 적어도 두 가지 중요한 의미가 있다. 첫째, 나와 함께 사는 그분이 죽을 수 없기에 내가 영원히 살 것이라는 것이다. "그리스도께서는 죽은 사람들 가운데서 살아나셔서, 다시는 죽지 않으시며" (롬 6:9). 다른 하나는 나는 나를 사랑하사 나를 위해 죽으신 이와 함께 영원히 살게 될 것이라는 것이다. 이는 매우 개인적이고 또한 벅찬 약속이다.

다음 날, 의사는 내게 전화해서 말했다.

"암이십니다. 편하실 때 선생님과 선생님의 부인을 같이 만나고 싶습니다. 만나서 어떻게 할지를 상의하고 싶습니다."

우리는 근본적인 처방을 선택했다. 암을 떼어내는 것이다. 7주 후에 수술을 하였다. 그 날은 발렌타인데이였다. 12년 전 일이다. 요즘 내 건강은? 아주 좋다!

바울의 논리가 준 행복한 선물: 투구

바울이 나를 놀라게 한 것이 하나 더 있다. 그날 아침 내게 다가온 그 말씀이 왜냐하면(for)으로 시작하고 있다는 사실이 갖는 중요성을 나중에 발견하였다.

"(왜냐하면, for) 하나님이 우리를 세우심은 노하심에 이르게 하심이 아니요 오직 우리 주 예수 그리스도로 말미암아 구원을 받게 하심이라 예수께서 우리를 위하여 죽으사 우리로 하여금 깨어 있든지 자든지 자기와 함께 살게 하려 하셨느니라"(살전 5:9-10).

이는 그가 나에게 준 약속이 그 바로 앞에 한 말에 대한 근거 혹은 기초가 된다는 것을 의미한다. 그는 이 구절 바로 앞에서 "우리는 낮에 속하였으니 정신을 차리고 믿음과 사랑의 호심경을 붙이고 구원의 소망의 투구를 쓰자"(8절)라고 하였다. 다시 말해서, 그 날 아침 바울이 내게 주었던 약속은 나의 소망의 기초였으며, 그 소망은 투구와 같은 것이었다는 사실이다.

이는 내가 그 날 비뇨기과에서, 바울과 주님께서 나를 위해 하셨던 일에 대한 한층 더 깊은 이해와 감사를 갖도록 했다. 잘 생각해보라. 투구는 어디나 쓰는가? 목숨을 건 싸움에서 방어용으로 쓰는 무기다. 철퇴나 곤봉으로 머리를 타격하면 두개골이 부서져 죽을 수 있다. 암에 걸렸다는 소식도 마찬가지다.

투구라는 용어를 생각조차 하지 않고 있었는데, 예수님께서 데살로니가전서 5:9-10에 나온 바울의 약속을 내 머리에 투구처럼 씌워주셨다. 그것은 조직검사를 해야 한다는 첫 번째 타격으로부터 나를 보호해주었으며, 그 다음에는 암 선고라는 타격으로부터 나를 보호해주었다. 하나님께서는 이 암이 결코 하나님의 진노의 표현이 아니라는 약속으로 나의 머리를 보호해주셨다.

나는 이렇게 단순히 생각할 수 있었다: '이건 진노가 아니야, 내가 산다면 그리스도와 함께 사는 것이요, 내가 죽는다면 그것도 그리스도와 함께 사는 것이지.' 이 생각으로 하나님께서는 나의 머리를 보호해주셨다.

물론 내가 시련당할 때, 내 머리를 약속으로 보호해준 것이 성경에서 바울만은 아니다. 하지만 이 시련은 내가 잊을 수 없는 강력한 시련이었다. 여러분이 그런 시련의 길을 바울과 같은 친구와 함께 걷는다면, 하나님께서는 이례적인 사랑의 연대감을 형성하여 주실 것이다.

10장

노년에 자신을 둘러싼 가장 큰 죄들을, 알고 죽이는 법을 배웠던 사람

그리스도 아래에서, 바울만큼 나로 하여금 나를 둘러싸고 있는 죄들과 싸우도록 나를 겸손하게 하고 성찰하고 폭로하고 가르치며 능하게 해준 이도 없었다. 나는 나의 사역과 결혼이 유지되고 풍요로웠던 것은 모두 바울 덕분이라고 생각한다.

64세에 여덟 달 가량 목회사역을 쉬면서 보냈다. 교회 리더들과 교인들에게 안식월을 청한 이유는 한 발 뒤로 물러나 나의 영적 상태를 점검하고 싶었기 때문이었다.

목회에서 오는 부담 때문에 내 영혼을 제대로 살필 수 없었는데, 그것이 나의 예배와 가족과 결혼과 개인적인 경건과 관련이 있지 않은가 싶었다. 그렇다고 결혼생활에 무슨 큰 위기가 있었던 것은 아니었다. 적어도 내가 아는 한 목회를 해서는 안 될 만큼의 죄를 짓고 있었던 것도 아니었다. 하지만 가족과 결혼과 사역이 주는 스트레스를 생각할 때, 잠시라도 설교와 직원들을 이끄는 일과 글쓰는 일, 방송하는 일이 주는 부담을 덜어내야 했다.

이 8개월 동안, 나와 아내는 다른 교회에 출석하여 단지 예배하는 청중의 한 사람으로만 참여하였다. 내 영혼을 점검하고 싶었고, 또 내가 리더나 설교자가 아니고도 공적인 예배에 진정으로 그리고 즐거이 참여할 수 있는지를 보고 싶었다. 나는 내가 지도자의 자리나 설교가 주는 아드레날린의 분비와 다른 성도들과 함께 예수님 안에 있는 진정한, 인격적인 기쁨을 혼동하고 있지 않다는 사실을 확인하고 싶었다.

도사리고 있는 죄, 정조준하기

안식월을 보낸 다른 목적은 시간과 정서적인 기운을 얻으며, 내 아내와 깊은 관계를 누림으로써 우리 두 사람간의 관계에 특별히 관련되어 있는 나의 은밀한 죄들을 발견하는 것이었다.

이 8개월 동안, 바울 사도보다 나와 친밀하게 걷고 나에게 도움을 준 사람은 없다. 물론 시무장로들이 베풀어준 은혜와 내 아내의 도움과 인내를 과소평가하려는 것은 아니다. 나는 주 예수님께 받은 막대한 은혜에 빚을 지고 있다고 말하고 있는 것이다. 그런데 그것은 죄와 싸우기 위해 반드시 필요한 진리를 전해준 사도 바울을 통해서 주신 은혜이다.

늘 그렇듯이 죄를 다루는 문제에 있어서 바울이 나에게 다가온 유일한 성경의 대변자는 아니다. 하지만 의심의 여지 없이 바울의 가르침은 나에게 가장 설득력 있고 강력했다. 이것은 내 은밀한 죄들을 진단하고 치료하는 일에도 사실이다. 이어지는 단락에서 무슨 일이 있었는지를 매우 간략하게 요약했다.

죄 이름 짓기

내가 특징적으로 짓는 죄를 밝히는 일을 구체적으로 하려고 하자, 그 죄들이 뭔지 분명하게 드러났다. 그것은 한 뭉치의 이기심, 분노, 자기연민, 속히 비난하기, 음울함이었다. 성을 언급하지 않은 것을 볼 때, 혹시 내가 성적인 욕망과의 은밀한 씨름은 감추려고 하는 것이 아닌가 의구심을 갖고 있다면, 내가 말할 수 있는 것은 내가 만끽해왔고 지금도 만끽하고 있는 이 성적인 승리의 정도는 이런 파괴적인 일군의 죄들을 이긴 정도보다 훨씬 더 크다는 사실이다. 나의 아내 역시 성적인 유혹은 이런 죄들이 하듯이 아름다운 우리의 결혼이라는 직물을 풀어헤칠 만큼 위협이 되지 않는다는 사실을 고백할 수 있으리라 믿는다. 물론 선 줄로 생각하는 자는 넘어질까 조심해야 할 것이다(고전 10:12).

바울을 통한 성령의 조명을 받아, 나는 다섯 가지 죄를 발견하였을 뿐 아니라 그들을 냉정할 만큼 구체적으로 묘사할 수 있게 되었다. 맨 먼저 이기심에 대한 나의 이해와 경험을 묘사하는 것부터 시작하려고 한다.

나의 이기심은 무엇인가?

이기심은 본질적으로 교만과 같으며, 바울이 내 지체 안에 있는 죄(롬 7:23)라고 부른, 우리의 중심에 있는 마음이다. 이 죄는 신자인 내 안에 계속 존재하고 있다. 내가 짓는 모든 죄의 가장 밑바닥에는 이런 마음의 부패가 있다. 나는 내 이기심이 다음의 다섯 가지 방식으로 반영되어 나타나고 있는 것을 본다.

- 섬김을 받기를 기대한다.
- 채권자라는 느낌을 갖게 한다.
- 칭송을 받고 싶어한다.
- 내 식대로 일이 되기를 바란다.
- 나는 부정적인 반응을 보일 권리가 있다고 느낀다.

내가 이기심의 다섯 가지 특징을 묘사하면서, '반영' 혹은 '나타남'(reflex)이라는 표현을 쓴 이유는 실제 나타나기 전에는 전혀 생각할 수 없기 때문이다. 이런 반응들이 나타날 때, 그것들은 나의 타락한 성품에서 나오고 있는 것이지 숙고나 다짐에서 나오는 것이 아니다. 나는 의

무감으로 죄를 짓는 것이 아니다. 자발적으로 죄를 짓는다. 죄들은 처음부터 존재한, 극복할 수 없는 죄성의 반영이다.

이기심의 구체적인 죄의 결과

이기심이 발휘될 때, 내 안에서는 무슨 일이 벌어지는가? 이 결과들에 이름을 짓고 구체적으로 묘사할 수 있는가? 모호한 일반화는 대개 회피수단이 된다. 특히 바울은 내가 아주 구체적이어야 한다고 가르쳐주었다. 여기 나는 내 이기심이 발휘되었을 때 나타나는 4가지 결과를 소개하고자 한다.

- 분노: 내 길을 방해하는 것들을 향한 강한 반대의 감정. 상대를 얼어붙게 하여 말로 타격을 가한다.
- 자기연민: 타인도 내 상처를 느끼기를 바라고, 내가 학대당한 것 때문에 나를 칭찬해주고, 더 나아가 나에게 동정을 표현해주기를 바라는 마음.
- 성급한 비난: 나의 절망스런 상황의 이유를 상대에게 돌릴 때 나타나는 현상. 타인은 이 감정을 목소리 톤이나 얼굴 표정, 은근한 질문이나 단도직입적인 비난 등을 통해 느낄 수 있다.
- 음울함: 축 처지는 낙담, 침울함, 무기력, 무반응, 정서적인 무감각.

물론 결혼에서 이기심은 나의 아내가 사랑을 받고 보호를 받기보다는 비난을 받고 인정을 받지 못한다고 느끼는 결과를 낳는다. 부드러운 감정이 시든다. 소망이 고갈된다. 힘겨운 사역을 계속 수행해나갈 힘이 약해진다. 가장 심각한 것은, 바울이 분명히 말하고 있는 것처럼, 이런 죄들이 "복음의 진리를 따라서 행하지 않는 것"(갈 2:14)이라는 점이다. 그것은 "복음에 합당하지 않는" 태도들이다(빌 1:27).

바울이 모순을 드러내다

몇 달 동안 나 자신을 평가하는 동안, 바울은 그리스도께서 십자가에서 나의 죄를 제거해주신 것과 피로 사신, 그리고 성령의 권능으로 가능한 나의 노력을 통해, 내가 의식적으로 그리고 의지적으로 죄를 이긴 경험 사이의 관계를 분명히 이해하게 해주었다. 다시 말해서 내가 이 죄들과 관련하여 그동안 개진해왔던 수동성의 패턴을 날려버린 것이다. 그는 제거된 죄들(canceled sins)은 반드시 죽여야지 품고 있으면 안 된다는 성경적 실재를 내 면전에 들이대주었다.

가령 그는 내가 갖고 살던 한 중요한 모순을 내게 보여주었다. 한편으로 나는 성적인 욕망을 죽이려는 나의 의식적인 노력이 반드시 필요한 사람처럼 믿었고 또 행동하였다. 하지만 보기에 밉상인 이 이기심의 결과들이 나에게 생기려고 할 때는 소극적으로 대응하였다. 욕망은 직접적으로 그리고 의식적으로 공격해야 한다는 전제가 내게 있었던 것이다. 마치 예수님께서 그래야 한다면 네 눈이라도 빼버리라고 하신 것처럼 말이다(마 5:29). 하지만 몇 가지 이유 때문에, 나는 성적인 범죄를 다룰 때와 똑같은 방식으로 이 은밀하게 도사린 죄들을 공격할 수 없었다. 이 죄들은 나의 노력이 아니라 내적인 그리고 무의식적인 성령의 역사로 시들고 사라져야 한다고 생각한 것이다.

우리가 이길 수 있는 죄는 용서받은 죄들뿐이다

바울은 나의 죄를 위한 그리스도의 죽음이 먼저 있었고, 그것 때문에 내가 죄를 이길 수 있는 것이라고 분명히 말한다. 여기 이를 설명하는 분명한 표현이 있다. "나의 칭의는 나의 성화보다 앞선다."

그리스도 안에서 의롭다 여겨지는 일은 행위에 있어서 의롭게 되는 것보다 앞선다는 것이다.

"오 수천의 혀들을 노래하네"(O, for a Thousand Tongues to Sing)라는 찬송가에서 "그는 제거된 죄들을 깨뜨리네"라고 찬양할 때, 우리는 그 순서를 제대로 하고 있는 것이다. 먼저 우리의 죄가 그리스도의 죽음을 통해 제거된다(골 2:14). 그리고 그런 다음에, 우리는 성령으로 그 죄의 권능을 깨뜨릴 수 있다.

이 8달 동안 십자가에서의 나의 죄의 제거와 죄를 향한 승리 사이를 연결하는 고리가 나의 거룩한 노력이라는 사실이 점점 분명해졌다. 분명 내가 쓸 수 있는 유일한 노력은 피로 사신, 그리고 성령께서 역사하셔서서 가능한 노력 뿐이다. 하지만 그럼에도 불구하고 그것은 분명 나의 의지적이고 의식적인 노력이다. 거룩함을 추구하는 일에 있어서 수동성은 바울이 가르치는 바가 아니다. 바울은 이 원리가 어떻게 역사하는지를 설명하는 예들을 많이 제시하고 있다. 이제 나는 살아온 날을 돌아보면서, 내가 어떻게 그처럼 수동적인 사람이 되었을까 하는 의구심이 든다.

바울이 제시하는 세 가지 그림

다음은 그리스도의 죽음이 나의 죄를 취소하고, 그것이 나의 노력으로 이어지는 것을 보여주는 바울의 세 편의 그림이다.

1. 그리스도의 죽음 안에서 우리는 죄에 대해 죽었다. "만일 우리가 그의 죽으심과 같은 모양으로 연합한 자가 되었으면"(롬 6:5). 그러므로 적극적으로 죄를 죽이라! "너희도 너희 자신을 죄에 대하여는 죽은 자로 여길지어다"(롬 6:11). "너희는 죄가 너희 죽을 몸을 지배하지 못하게 하라"(롬 6:12).

2. 그리스도의 죽음 안에서, 우리는 사신 바 되었다. "너희는 너희 자신이 것이 아니라 값으로 산 것이 되었다"(고전 6:19-20). 그러므로 적극적으로 새로운 주인에게 영광을 돌리라. "너희 몸으로 하나님께 영광을 돌리라"(고전 6:20).

3. 그리스도의 죽음 안에서, 우리는 사함을 받았다. "하나님께서 그리스도 안에서 너희 죄를 용서하셨다"(엡 4:32). 그러므로 너희도 용서하라. "서로 친절하게 하며 불쌍히 여기며 서로 용서하기를 하나님이 그리스도 안에서 너희를 용서하심과 같이 하라"(엡 4:32).

세 경우 모두 거룩함을 추구하려는 나의 적극적인 노력(죄를 죽이는 적극적인 노력)을 가능케 한 결정적인 추동력은 그리스도의 죽음이다. 이는 나의 은밀하게 도사린 죄를 이기는 결정적인 힘은 그리스도께서 이미 그 죄를 제거하셨다는 현실(reality)에서 나온다는 것을 의미한다. 내가 이길 수 있는 유일한 죄는 용서받은 죄들뿐이다.

"네 눈을 빼버리라"는 말씀은 정욕 그 이상에 적용된다

한 가지 내가 빠뜨린 게 있다. 각각의 경우에서, 십자가와 정복된 죄를 연결하는 고리는 나의 강력한 의지라는 사실이다. 내가 이 말을 하는 것은, 이 세 경우에서 바울은 나의 죽음, 나의 획득(purchase), 나의 용서라는 진술을 나의 의지를 향한 다음의 명령의 근거로 쓰고 있기 때문이다.

"죄가 너희 죽을 몸을 지배하지 못하게 하라", "너희 몸으로 하나님께 영광을 돌리라", "서로 친절하게 하며 불쌍히 여기며 서로 용서하라". 이 명령들은 나를 향하고 있다. 내 의지를 발휘해야 하는 명령들이다.

다시 말해서, 하나님께서는 내 성화 경험이 부분적으로 내 삶에서 구체적인 죄들을 반대하는 의식적이고 의지적인 측면이 되도록 의도하신 것이다. 나는 그 원리를 내 정욕에 적용하였다. 하지만 몇 가지 이유로, 나는 죄를 죽이려는 가차없는 그와 똑같은 정도의 의도성(intentionality)을 나의 이기심, 분노, 자기연민, 성마른 비난, 음울함에는 적용하지 않았던 것이다.

하나님께서 행하고 계시니, 행하라!

이쯤 하여 바울은 나를 붙잡아 빌립보서 2:12-13로 날 놀리고 있다.

"그러므로 나의 사랑하는 자들아 너희가 나 있을 때뿐 아니라 더욱 지금 나 없을 때에도 항상 복종하여 두렵고 떨림으로 너희 구원을 이루라 너희 안에서 행하시는 이는 하나님이시니 자기의 기쁘신 뜻을 위하여 너희에게 소원을 두고 행하게 하시나니."

신선한 불빛으로 나는 두 가지를 보았다.

1. 나는 "구원을 이루다"라는 동사를 새롭게 보았다. 헬라어 카테르가제스테는 "만들어내다, 나오게 하다, 효과를 내다"라는 뜻이다. 빌립보서 주석에서 피터 오브라이언은 이 단어를 "계속 이어지는, 지

속적인, 끈질긴 노력"이라고 정리한다. 물론 이 단어는 위험하다. 이는 우리를 그리스도의 주도적인 의롭게 하시는 사역을 의지하지 않은 채, 그리고 성령을 의지하지 않은 채 자기 힘으로만 해내려는 사람이 되게 할 수 있기 때문이다.

하지만 바울은 그런 실수를 하지 않는다. 그는 여기서 십자가와 성령을 전제한다. 이어서 그는 말한다: "이제 수동적인 사람이 되기를 멈추라!" 모든 죄가 스스로 죽는 것은 아니다. 어떤 죄는 적극적으로 죽여야 한다.

2. 나는 내가 이루어야 하는 구원이 전체 구원 가운데서 크나큰 실재일 뿐만 아니라, 이기심, 분노, 자기 연민, 비난, 음울 같은 것으로부터 구원 받는 구체적인 현실임을 새롭게 보았다.

실제 생활에서는 어떻게 나타나는가?

내가 이것들을 발견한 후 얻은 대략적인 효과는, 이전에 성적인 욕망과 싸울 때를 제외하고는 의도성(intentionality)을 가지고 싸워본 적이 없었던 구체적인 죄들을 향하여 새롭고도 집중적인 공격을 감행할 수 있었다는 점이다.

8개월 동안의 안식월을 마치고 교회에 복귀해서는 베들레헴 칼리지와 신학교 채플에서 이 모든 것에 관해 설교를 하였고, 내가 배운 것을 그들이 이해시키기 위해 다음의 예화를 사용한 바 있다.

최근 한 주일 저녁, 평온하고 눈발이 날리는 날이었는데, 아내와 딸과 나는 집에 있었다. 우리 셋이 같이 할 뭔가를 기대하고 있었다. 하지만 14살 된 딸이 응접실에서 나오더니, "엄마와 저는 컴퓨터로 '수퍼내니'(supernanny - 자녀의 양육으로 어려움을 겪고있는 부모들을 위한 영국계 미국인 리얼리티 TV 프로그램 - 편집자주)를 볼 거예요."라고 말하는 게 아닌가. 그리고 그들은 앉아서 시청하기 시작했다(나만 빼고 말이다).

이 사건이 하찮게 보일 수 있지만, 이기심, 분노, 자기연민, 비난, 음울함의 유혹은 그 당시엔 다른 성적 유혹만큼이나 내 영혼에는 위험했다. 나는 의도적으로 그리고 단호하게, 솟아오르는 나의 죄된 감정을 향해 곧장 "아니야!"라고 말하였다. 물론 큰 소리로 말하지는 못했지만, 나는 나의 죄된 영혼을 향해 분명히 말하였다. 그러고는 조용히 위층으로 올라가 의식적으로 상한(물론 느낌에 불과하지만) 몸의 언어를 거부하였다.

공부과정은 전쟁이었다. 노력이 요구되었다. 내 마음과 생각이 하나님의 약속과 십자가의 보증과 하나님의 사랑과 나의 유업의 부요함과 주의 날에 주실 축복과 예수님의 인내를 향하여 돌아서게 되었다. 그리고 그것들을 내 마음에 두어 볼 수 있게 하였다.

나는 주님께 피로 사신 도움을 요청하였고, 나는 의식적으로, 그리고 의도적으로(수동적이지 않게) 분노와 자기연민과 비난과 음울함을 눌러 이겼다. 나는 그것들이 실제적으로 죽을 때까지 계속하여 공격하였다.

현재의 바른 성장, 더 나은 장래

만약 어떤 내적 전쟁이 필요가 없다면, 만약 내 마음에서 죄된 감정이 솟아오른다는 느낌이 전혀 없었다면, 그건 더 나아진 것(더 위대한 성숙과 성화의 징조)임을 인정한다. 그 날은 올 것이다. 하지만 그 날이 오기까지는, 나는 하나님께서 십자가에서 죄를 제하여 주시고, 제거된 죄의 권능을 깨뜨려주시고, 종종 성령으로 능력을 입은 나의 의지를 통해 하나님께서 그 일을 행하시는 것에 감사한다.

그리고 나는 바울을 인하여 하나님께 감사한다. 그리스도 아래서 바울 말고는 아무도 나를 겸손하게 만들고 분석하고 폭로하고 가르치고 구원해준 사람은 없었다. 바울처럼 동지요, 결혼상담가요 사역을 온전케 해준 사람을 어찌 사랑하지 않을 수 있겠는가.

내가 바울을
사랑하는
30가지 이유

3부

논리의 마음, 사랑의 가슴을 지니다

11장

열정적인 이성과
투명한 감성의 사람

바울의 영혼의 특징은 엄청난 이성적인 능력과 심오한 감정적 역량이 아름답게 짜여있다는 점이다. 바울은 타인을 섬기는 일에 이 두 가지를 모두 사용하고 있다.

로마서에 나타난 바울의 사상을 인내심을 가지고 열정적으로 추적해본 사람이라면, 누구든 이 작품이 탁월한 지성인의 작품이라는 데 동의할 것이다. 어떤 이들은 로마서를 그 내용상의 장엄함과 섬세한 추론 과정을 두고 가장 위대한 서신이라고 부르는 이들도 있다. 그의 대적자들마저도 이런 지적인 은사들을 인정하고 있다.

"바울이 이같이 변명하매 베스도가 크게 소리 내어 이르되 바울아 네가 미쳤도다 네 많은 학문이 너를 미치게 한다 하니"(행 26:24).

"생각하는 데는 어른이 되십시오"

바울은 사고의 능력을 신중하게 적용하는 일도 그리스도를 따르는 의미의 일부라고 믿었다.

바울은 공식적으로는 당대의 유명한 학자 밑에서 수학하였지만(행 22:3), 자기 능력을 다른 사람에게 선수를 치거나 자신을 높이는 데 사용하는 그런 부류의 지성인이 아니었다. 그는 회심자들이 분별없는 사람이 되기를 원치 않았다. 그는 모든 그리스도인들에게 그들 스스로 다음과 같이 생각하도록 요구하고 있다.

"형제들아 지혜에는 아이가 되지 말고 악에는 어린 아이가 되라 지혜에는 장성한 사람이 되라"(고전 14:20).

"내가 말하는 것을 생각해 보라 주께서 범사에 네게 총명을 주시리라"(딤후 2:7).

"나는 지혜 있는 자들에게 말함과 같이 하노니 너희는 내가 이르는 말을 스스로 판단하라"(고전 10:15).

베드로도 자신의 두 번째 편지에서, 바울이 쓴 편지를 이해하는 것이 복잡하고 어렵다는 사실에 주목하게 하고 있다.

"또 그 모든 편지에도 이런 일에 관하여 말하였으되 그 중에 알기 어려운 것이 더러 있으니 무식한 자들과 굳세지 못한 자들이 다른 성경과 같이 그것도 억지로 풀다가 스스로 멸망에 이르느니라"(벧후 3:16).

감정적으로 유순하면서도 투명한 사도

그의 이성적인 추론과정은 복잡하면서도 심오하지만, 그의 감정적인 성숙과 인격적인 온전함은 그의 감정의 깊이와 온유함과 집중력을 통해서 잘 드러나고 있다. 그는 이런 면모들을 자신의 불완전함만큼이나 의도적으로 잘 드러내려고 하고 있다.

"그러나 우리는 여러분 가운데서, 마치 어머니가 자기 자녀를 돌보듯이 유순하게 처신하였습니다. 우리는 이처럼 여러분을 사모하여, 여러분에게 하나님의 복음을 나누어 줄 뿐만 아니라, 우리 목숨까지도 기쁘게 내줄 생각이었습니다. 그것은 여러분이 우리에게 사랑을 받는 사람이 되었기 때문입니다"(살전 2:7-8).

"그러므로 사랑하고 사모하는 나의 형제자매 여러분, 나의 기쁨이요 나의 면류관인 사랑하는 여러분, 이와 같이 주님 안에 굳건히 서 계십시오"(빌 4:1).

"내가 그리스도 예수의 심정으로, 여러분 모두를 얼마나 그리워하고 있는지는, 하나님께서 증언하여 주십니다"(빌 1:8).

"고린도 사람 여러분, 우리는 여러분에게 숨김없이 말하였습니다. 우리는 마음을 넓혀 놓았습니다. 우리가 여러분을 옹졸하게 만드는 것이 아니라 여러분의 마음이 옹졸한 것입니다. 나는 자녀들을 타이르듯이 말합니다. 보답하는 셈으로 여러분도 마음을 넓히십시오"(고후 6:11-13).

이성과 감정의 드문 결합

이 세상 많은 사람들이 이성적인 데로만 치우쳐서 진짜 감정을 표현하는 데 애를 먹곤 한다. 그리고 다른 많은 사람들은 대단히 감정적이어서 복잡한 논증을 구성하는 것은 고사하고 그 논증을 따라가는 것만도 힘들어한다. 강력한 추론 능력과 부드러운 마음과 그 감정을 쉽게 표현할 수 있는 능력이 있어서 타인에게 격려와 기쁨을 모두 줄 수 있는 사람은 매우 드물다.

바울을 편지를 통해서 만났을 때, 그는 바로 그 드문 사람으로 부각되는 사람이었다. 이는 의미심장하다. 이성적인 능력과 감정적인 진정성의 결합은 속이거나 미혹하는 사람의 특징이 될 수 없기 때문이다. 그는 성숙하고, 정신적으로 건강하고 안정적인 사람이 갖고 있는 특징을 보이고 있다. 그의 지적 능력은 누군가를 위협할 수 있다. 하지만 그의 공감 능력과 긍휼과 애정을 보일 수 있는 능력은 우리에게서 위축된 마음을 걷어가고 우리의 마음을 얻기에 충분하다. 적어도 내 생각은 약해지고, 내마음은 온전히 빼앗기게 된다.

12장

종교적 활동이 아니라, 그리스도의 영광을 말하되 마음으로 말하는 사람

자기 시대의 대부분의 사람들보다 더 탁월한 자신의 업적을 자랑할 수 있었고, 또 교회 안에서 그의 지위나 그의 성취가 여러분이 이룰 수 있는 만큼 높았지만, 그는 개인적으로 예수 그리스도를 아는 지식의 고상함을 기뻐하였고 또 그것을 말하는 것을 더 좋아하였다.

나는 놀랄 만한 성취를 이루었으면서도 그 위대한 성취들로 인해서 인정을 받는 것보다 예수님을 더 존귀하게 여기는 사람들을 존경한다. 요즘 많은 그리스도인들이 교회성장과 사역 경험, 사회에서의 윤리적 이슈들, 핍박의 위기들, 우리의 젊음, 최신의 음악적 흐름 등에 관해서는 기꺼이 말하는 듯하지만, 자신들이 예수님과 함께 교제하는 것이 얼마나 귀한지에 대해서는 기꺼이 말하지 않는다.

이런 종류의 기독교는 역기능적으로 느껴지게 하는 것들이 있다. 그런 경우, 마치 영적 실재의 본질이 행위들에 있고, 그런 행위들을 하도록 영감을 주고 형성하고 유지하는 신적인 인격과의 관계에 있지 않은 듯이 느끼게 한다. 즉 흥미롭게 하고 우리를 매료시키는 것은 땅콩의 맛이 아니라 껍질의 모양인 듯 여기는 것과 같은 것이다. 너무 많은 그리스도인들이 종교적인 활동에 대해서는 쉽게 말하면서도 영적인 맛에 대해서 얘기하는 것은 힘들어 한다. 하지만 바울 사도는 그렇지 않다.

회심 이전과 이후에 남긴 위대한 업적들

바울은 예수님께서 그를 말에서 떨어뜨리기까지 종교경기에서 가장 탁월한 선수였다. 심지어 회심 이후에도 그는 당대의 가장 권위 있고 생산적인 그리스도인 가운데 한 명이었다. 바울에게는 그가 말할 수 있는 많은 "종교 활동들"이 있었다. 그의 옛 종교계의 동료들은 자신들의 종교적 엄격함을 자랑함으로써 바울을 무색케 하려고 시도하였다. 바울은 그 경기에서 그들을 얼마든지 이길 수 있었다. 실제로 바울은 몇 차례 자신의 깜짝 놀랄만한 종교적인 이력서를 제시하면서 자신을 인정하지 않는 자들을 다음과 같이 침묵시킨 바 있다:

"그러나 나도 육체를 신뢰할 만하며 만일 누구든지 다른 이가 육체를 신뢰할 것이 있는 줄로 생각하면 나는 더욱 그러하리니 나는 팔일 만에 할례를 받고 이스라엘 족속이요 베냐민 지파요 히브리인 중의 히브리인이요 율법으로는 바리새인이요 열심으로는 교회를 박해하고 율법의 의로는 흠이 없는 자라 그러나 무엇이든지 내게 유익하던 것을 내가 그리스도를 위하여 다 해로 여길뿐더러"(빌 3:4-7).

"다른 복음은 없나니 다만 어떤 사람들이 너희를 교란하여 그리스도의 복음을 변하게 하려 함이라"(갈 1:17).

그가 그리스도인이 된 후에 이룬 성과 역시 압도적이었다. 이제 그리고 그 전에도 바울은 자신의 수고와 영적인 권위와 열매 맺음에 관해 언급한 적이 있었다. 하지만 그렇게 할 때마다, 자신은 하나님의 은혜만을 전적으로 의존한다고 고백하고 있다. 그는 그리스도께 영광을 돌리기 원하고, 자신의 수고나 기적이나 환상을 본 일로 영광을 돌리기를 원치 않았다.

"그러나 내가 나 된 것은 하나님의 은혜로 된 것이니 내게 주신 그의 은혜가 헛되지 아니하여 내가 모든 사도보다 더 많이 수고하였으나 내가 한 것이 아니요 오직 나와 함께 하신 하나님의 은혜로라"(고전 15:10).

"내가 어리석은 자가 되었으나 너희가 억지로 시킨 것이니 나는 너희에게 칭찬을 받아야 마땅하도다 내가 아무 것도 아니나 지극히 크다는 사도들보다 조금도 부족하지 아니하니라"(고후 12:11).

"그런즉 아볼로는 무엇이며 바울은 무엇이냐 그들은 주께서 각각 주신 대로 너희로 하여금 믿게 한 사역자들이니라 나는 심었고 아볼로는 물을 주었으되 오직 하나님께서 자라나게 하셨나니 그런즉 심는 이나 물 주는 이는 아무 것도 아니로되 오직 자라게 하시는 이는 하나님뿐이니라"(고전 3:5-7).

분명 예수만이 그의 기쁨이었다

바울이 회심하기 전과 후에 그가 일궈낸 성취는 뛰어났지만, 그는 그것을 자신의 영광으로 삼지 않았다. 그것이 그의 기쁨은 아니었다. 자신의 성취가 주는 기쁨과 그리스도가 주는 기쁨을 비교하면서 바울은 자신의 영광과 기쁨이 주로 어디에 근거하는지를 보여주었다.

"그러나 무엇이든지 내게 유익하던 것을 내가 그리스도를 위하여 다 해로 여길뿐더러 또한 모든 것을 해로 여김은 내 주 그리스도 예수를 아는 지식이 가장 고상하기 때문이라 내가 그를 위하여 모든 것을 잃어버리고 배설물로 여김은 그리스도를 얻고"(빌 3:7-8).

예수님 그분이(그 측량할 수 없는 가치를 아는 일) 바울의 가장 큰 영광이요 기쁨이다. 그가 이룬 일들은 부차적이다. 예수님 그분을 알고 만끽하는 것이 우선이다. 바울은 날마다 그분을 만지는 방식으로 예수님에게 사랑을 받고 있다는 생생한 느낌을 갖고 있었다. 그는 자신의 삶을 다음과 같이 묘사하고 있다:

"내가 그리스도와 함께 십자가에 못 박혔나니 그런즉 이제는 내가 사는 것이 아니요 오직 내 안에 그리스도께서 사시는 것이라 이제 내가 육체 가운데 사는 것은 나를 사랑하사 나를 위하여 자기 자신을 버리신 하나님의 아들을 믿는 믿음 안에서 사는 것이라"(갈 2:20).

바울을 향한 그리스도의 사랑과 그리스도를 향한 바울의 믿음 안에서 바울과 그리스도는 연합되어 그리스도께서 바울을 통하여 바울의 삶을 살아내신다는 심오한 느낌이 바울에게 있었던 것이다. 이것이 바울의 기쁨이었다. 이것이 그의 자랑이요 환희였다. 그가 그리스도를 사랑하는 데서 오는 기쁨을 갖고 있다는 말을 듣기 전에는 우리가 그를 안다고 말할 수 없었을 것이다.

매우 특별한 친구

나는 내가 관계하고 있는 이들에게 이런 태도를 기대한다. 이런 식의 소통을 기대한다. 즉 성취를 지나서 부활하신 그리스도와의 인격적인 교제에까지 나아가는 소통 말이다.

이것이 내가 바울 안에서 그 아름다운 태도를 보았을 때, 내가 특별한 친구 하나를 발견하였다고 생각한 이유이다.

13장

불붙는 논리에서,
사랑의 시(詩)를 노래한 사람

바울은 아주 탁월한 지적 수준으로 사고하기도 하고 글도 쓸 뿐만 아니라 시적으로 그리고 아름답게 쓸 줄 아는 사람이다. 이런 보편적인 설득의 방법을 가지고 있는 그의 표현들은 세상에서 가장 많이 인용되는 표현 중에 하나가 되었으며, 심지어 비그리스도인들마저도 인용하고 있다.

나는 절박한 글쓰기가 반드시 위대한 도덕적인 성취에서 나오는 것은 아님을 깨달았다. 악한 사람들도 가슴 벅찬 수필과 아름다운 산문과 매력적인 시들을 쓸 수 있다.

그렇다면 내가 바울을 사랑하는 이유 가운데 이런 그의 글쓰기 은사가 들어 있는 것이 의미하는 바가 무엇인가?

바울의 삶의 캔버스 위의 연파랑 붓질

멋진 그림의 모든 붓질이 그 자체로, 자기 홀로 아름답지 않다. 많은 붓질이 그렇지 않다. 한 번의 붓질은 단 하나의 터치만을 만들어내지만, 그것들이 한데 모일 때 더욱 더 매력적인 한폭의 그림이 되는 것이다.

누군가를 알아가는 일도 마찬가지다. 그에 대해 많은 아름다운 면들을 발견하고, 그를 분명히 신뢰하게 되고, 결국 다음의 사실을 알게 된다. "나를 놀리시나요? 그 많은 성취들 말고도 그는 장인(craftsman)입니다. 시인 말입니다!"

이런 식의 이해과정이 나에게도 해당되었다. 꼭 필요한 것은 아닌 듯이 보이는 연파랑색 붓질이었지만, 나로 하여금 기쁨의 미소를 짓게 하는 붓질이었고, 결국 그것은 바울의 초상의 한 부분이 되었다.

논리에서 시까지

바울은 관련된 논증을 확장해서 길고 논리적으로 복잡한 글쓰기를 하는 사람으로 명성이 자자하다. 가령 에베소서 1장 3-14절은 긴 한 문장이다! 바울을 연구한 사람들은 이구동성으로 그의 로마서는 신중한 논증에 대한 탁월한 예로 인정한다. 그는 논리적인 정확성과 명쾌함과 설득력을 갖추는 일에 대단히 주의를 기울여 글쓰기를 하는 사람이다.

따라서 고린도전서 13장과 같은 글을 읽으면 우리는 놀라게 된다. 이 장은 성령의 은사에 대한 매우 논쟁적인 논의를 하는 중간에 등장한다.

13장 전후로 매우 다툼이 치열한 주제들을 다루고 있다. 그런데 아마 바울을 알고 있는 대부분의 사람들이 바울이 쓴 글 중에서 가장 아름답다고 할 만한 장이 샌드위치처럼 중간에 끼어 있는 것이다. 도덕적으로 선명한 사고와 미적으로 매력적인 산문이 조화를 이룬 아름다운 문장들이다. 어떤 이는 이것을 시라고 부를지 모른다. 바울의 말을 모두 인용하는 것이 도움이 될 듯하다.

"내가 사람의 모든 말과 천사의 말을 할 수 있을지라도, 내게 사랑이 없으면, 울리는 징이나 요란한 꽹과리가 될 뿐입니다. 내가 예언하는 능력을 가지고 있을지라도, 또 모든 비밀과 모든 지식을 가지고 있을지라도, 또 산을 옮길 만한 모든 믿음을 가지고 있을지라도, 사랑이 없으면, 아무것도 아닙니다. 내가 내 모든 소유를 나누어줄지라도, 내가 자랑삼아 내 몸을 넘겨줄지라도, 사랑이 없으면, 내게는 아무런 이로움이 없습니다. 사랑은 오래 참고, 친절합니다. 사랑은 시기하지 않으며, 뽐내지 않으며, 교만하지 않습니다. 사랑은 무례하지 않으며, 자기의 이익을 구하지 않으며, 성을 내지 않으며, 원한을 품지 않습니다. 사랑은 불의를 기뻐하지 않으며, 진리와 함께 기뻐합니다. 사랑은 모든 것을 덮어 주며, 모든 것을 믿으며, 모든 것을 바라며, 모든 것을 견딥니다. 사랑은 없어지지 않습니다. 그러나 예언도 사라지고, 방언도 그치고, 지식도 사라집니다. 우리는 부분적으로 알고, 부분적으로 예언합니다. 그러나 온전한 것이 올 때에는, 부분적인 것은 사라집니다. 내가 어릴 때에는, 말하는 것이 어린아이와 같고, 깨닫는 것이 어린아이와 같고, 생각하는 것이 어린아이와 같았습니다. 그러나 어른이 되어서는, 어린아이의 일을 버렸습니다. 지금은 우리가 거울로 영상을 보듯이 희미하게 보지마는, 그 때에는 얼굴과 얼굴을 마주하여 볼 것입니다. 지금은 내가 부분밖에 알지 못하지마는, 그 때에는 하나님께서 나를 아신 것과 같이, 내가 온전히 알게 될 것입니다. 그러므로 믿음, 소망, 사랑, 이 세 가지는 항상 있을 것인데, 그 가운데서 으뜸은 사랑입니다."

고린도전서 13장은 함축성, 운율, 이미지, 전개, 크레센도, 주제, 완성도 등에서 완벽하게 아름다운 장이다. 이는 바울이 쓴 다른 글들과 같지 않다. 바울이 직접 쓰지 않았고 빌려온 것이라는 주장은 다른 측면의 아름다움을 뒤흔드는 주장이다. 즉 12장과 14장의 논쟁과 13장이 절묘하게 엮여있는 배치 말이다.

13장은 주변 장들과 상관성이 없이 논쟁 중간에 갑자기 떨어진 운석 같은 것이 아니다. 이는 논쟁에서 가져온 실로 짠 테피스트리와 같다. 이는 이질적인 것이 아니다. 바울이 논쟁적인 논의 중간에 이런 시적 성취를 이루어낼 수 있다는 사실이 대단하지 않는가. 바울의 이런 멋진 문체를 드러내는 레퍼토리가 우리가 생각하고 있는 것에 국한되지 않는다. 작가로서의 그의 역량이 그렇게 작지 않다. 그는 우리가 알고 있는 것보다 더 글쓰기에 은사가 있는 사람이다.

바울의 산문의 도덕적 차원

이것은 나에게 이런 바울의 글쓰기 능력이 위대한 도덕적인 성취가 아니라는 사실을 상기시켜준다. 하지만 바울의 위대함을 보여주는 초상화에서 이 빛나는 붓질을 더 오래 바라보면 바라볼수록, 그런 주장을 덜 확신하게 된다. 한편으로, 정확성과 설득력을 갖추어 논지를 전개하는 바울의 통상적인 글쓰기 방식이, 내 생각에는, 도덕적인 면에서 중립적인 것은 아니다. 그것은 바울의 정직함을 드러내는 증거로 볼 수 있다.

믿는 이유들을 제시하고 진실이라고 생각하는 바를 드러내기 위해 정확성을 추구하는 것은 그 사람의 일관된 신실성(integrity)을 보여주는 증거라는 뜻이다. 그렇다면 이 깊이 있고 아름다운, 사랑에 관한 최고의 장(章)(고전 13장)이 담고 있는 도덕적인 차원은 어떠한가? 이는 어디에서 왔는가? 단지 자연스런 기교가 갖는 도덕적으로 중립적인 기능일 뿐인가? 이런 정도의 탁월한 논리와 시적 능력을 갖춘 사람이 있다면, 그는 분명 로마의 문학계나 유대 사회에서 스스로 자기 이름을 떨칠 만한 사람일 거라는 생각이 들었다.

하지만 바울은 그렇게 하는 대신에 그리스도의 사도로서 고난의 길을 따랐다. 그는 유명한 사람이 될 수 있는 엄청난 가능성보다 그리스도의 교회를 섬기는 일을 더 우선시하였다. 이는 그 자체로 고린도전서 13장을 더 아름답게 만드는 다른 한 요인이다. 그는 이 시를 문학잡지에 실어 출판하는 대신에, 한통의 서신 안에 겸손하게 넣어서 보통의 사람들이 서로 사랑하도록 돕는 데 쓰고 있다.

실제로 나는 바울이 문학경력을 쌓기보다 고난의 길을 선택한 것에 대해서 생각할 때, 만일 이런 고난이 없었다면 고린도전서 13장을 과연 쓸 수 있었을까 싶은 의구심을 갖지 않을 수 없다. 따라서 아마도 이 아름다운 붓질은 그의 도덕적인 삶과 무관한, 우연한 결과물이 아닐 것이다. 이것은 내가 그를 사랑하는 주변적인 이유가 아니라 핵심적인 이유다.

14장

고차원의 사상으로,
낮은 자를 도왔던 사람

바울은 그리스도의 헤아릴 수 없는 부요함을 다룰 수 있는 사람이지만, 모든 그리스도인들을 일깨우고 그들이 그리스도께 진실하고 순수하게 헌신하도록 도와야 한다는 부담감을 갖고 있었다. 그래서 그는 이 세상에서는 단순함과 진정성을 갖고서 땅의 지혜가 아니라 하나님의 은혜로 처신하였다.

심오한 진리에 대한 통찰력을 갖고 있다는 것은 존경할 만한 일이다. 그것 때문에 여러분이 우쭐해지거나 일반 사람들이 갖고 있는 필요, 즉 그들이 이해할 수 있고, 그래서 당장 누릴 수 있는 유익과 영원한 유익을 위해 실제로 사용할 수 있는 진리에 대한 필요에 무감각해지지 않는다면 말이다.

또 다른 한편으로, 이해할 수 있고 실제적이고 땅의 현실에 밀착된 진리를 가졌다면 존경할 만한 일이다. 그것이 복잡한 현실을 외면하고 순전히 실용적인 기준으로 진리와 가치를 재는 귀족숭배사상에서 나온 것이 아니라면 말이다.

심오하면서도 실제적인

바울은 심오하면서도 실제적인 사람이다. 다시 말해 그는 하나님을 사랑하고 사람도 사랑하였다. 하나님을 향한 그의 사랑이 그를 하나님의 계시된 영광으로 더 높게 이르게 하였다. 사람을 향한 그의 사랑은 그를 일반 사람들과 나란히 함께 하면서, 상세한 설명과 격려를 통해 그들이 새로운 차원의 기쁨과 선함과 지혜를 얻을 수 있게 하여 그들의 성장을 돕는 사람이 되게 하였다.

바울은 자신이 "측량할 수 없는 그리스도의 풍성함"(엡 3:8; 참조, 골 1:27)이라고 부른 바 있는 위대한 신비에 대한 통찰을 부여 받은 사람이다. 그는 독자들을 이 신비의 영역으로까지 높이 이끌어 올릴 수 있었다. 그리하여 아래로 내려와서는 "그 어느 누가 하나님의 판단을 헤아려 알 수 있으며, 그 어느 누가 하나님의 길을 더듬어 찾아낼 수 있겠습니까?"(롬 11:33)라고 말할 수 있었다.

만약 그가 일반 사람들을 비웃고, 자신의 사도적 지혜와 타고난 지성을 그들의 믿음을 세워주기 위하여 소통하는 데 쓰기보다는 자신이 환호를 받는 데 사용한다면, 바울의 영적 통찰력과 지혜를 향한 나의 존경심은 모두 사라지고 말 것이다. 하지만 바울은 이렇게 될 위험성을 철저하게 경계하였다.

모든 것들을 덕을 세우는 데 소용되게 하라.

바울은 고린도 교인들이 자신들의 영적인 은사를 사랑하는 일에 사용하지 않는 문제를 다루면서, 모든 것이 다른 사람의 덕을 세우는 데 쓰여야 한다는 점을 강조했다. 그들은 통역도 없이 방언을 하여, 그들의 말을 아무도 이해하지 못했으며, 그래서 어떤 덕도 세우지 못했다. 따라서 바울은 "모든 일을 남에게 덕이 되게 하십시오"(고전 14:26)라고 말했다. 그런 다음에, 이 원리를 자신의 설교에 적용했다.

"너는 감사를 잘하였으나 그러나 다른 사람은 덕 세움을 받지 못하리라 내가 너희 모든 사람보다 방언을 더 말하므로 하나님께 감사하노라 그러나 교회에서 네가 남을 가르치기 위하여 깨달은 마음으로 다섯 마디 말을 하는 것이 일만 마디 방언으로 말하는 것보다 나으니라"(고전 14:17-19).

참으로 놀라운 말이다. 누군가 방언을 하는 특별한 초자연적인 은사로 자랑할 것이 있다면, 바울도 그럴 수 있었다. 하지만 바울은 그것으로 자신의 영적 우월감을 개진할 마음이 전혀 없었다. 그는 일반 성도들이 진리를 이해하여 믿음이 자라도록 돕기만을 바란 사람이었다.

순박함과 진실함

고린도 성도들의 믿음이 정체되자 그는 근심하였다: "뱀이 그 간계로 하와를 미혹한 것 같이 너희 마음이 그리스도를 향하는 진실함과 깨끗함에서 떠나 부패할까 두려워하노라"(고후 11:3).

그는 이 문제를 어떻게 도울 수 있었는가? 측량할 수 없는 그리스도의 풍요로움을 간과하지 않으면서, 그리고 영광스러운 실재를 주변적인 것으로 다루지 않으면서 어떻게 이 문제를 처리할 수 있는가? 그는 다음과 같이 하고 있다.

"우리가 세상에서 특별히 너희에 대하여 하나님의 거룩함과 진실함으로 행하되 육체의 지혜로 하지 아니하고 하나님의 은혜로 행함은 우리 양심이 증언하는 바니 이것이 우리의 자랑이라 오직 너희가 읽고 아는 것 외에 우리가 다른 것을 쓰지 아니하노니 너희가 완전히 알기를 내가 바라는 것은"(고후 1:12-13).

바울은 위대한 선지자들이나 철학자들과 어깨를 나란히 할 수 있을 만큼 고차원적 사고를 할 수 있는 사람이다. 그런 은사가 있고 또 그런 영감을 받았다. 하지만 그는 그것으로 사람들 위에 군림하려는 교만한 마음으로 빠지지 않았다. 자신의 능력을 부풀리지도 않았다. 그 대신 단순히 순박함과 진실함으로 행하였다. 그는 일반 사람들이 이해할 수 있도록 하는 것을 목표로 삼았다. 위대한 사람이 이와 같은 것을 사랑한다는 것은 참으로 아름다운 일이다. 이런 모습 때문에 나는 바울을 신뢰하고 존경한다.

4부

신비가 노래하게 하다

15장

감춰진 영광보다, 계시된 영광에 더욱 감격하는 사람

> 바울은 하나님의 길이 찾을 수 없고 그의 판단은 측량할 수 없다고 고백하기는 하였지만, 그는 신적 계시의 저지대에 머물러 있지 않고, 하나님의 길과 판단의 고지대로 우리를 인도하고 있다. 따라서 우리가 손을 높이 들어 찬미하는 것은, 우리가 아팔라치아 산맥을 보고 놀란 것이 아니라 알프스를 보고 놀란 것이며, 하나님의 산수에 놀란 것이 아니라 그분의 미적분에 놀란 것이다.

나는 하나님의 길에 대한 우리의 무지에서 돌아서서 우리가 그분을 인하여 감격하고 경배할 주무대(main ground)로 향하게 하려고 애를 쓰는 작가들의 글을 읽었고 설교자들의 말을 들어왔다. 그들은 대개 하나님의 깊이와 높이를 언급하면서 긍정적인 단어인 신비(mystery)를 사용하는데, 그렇게 하여 우리가 하나님에 관해 얼마나 무지한지를 깨닫고 기이함과 외경심으로 감동을 받기를 기대하곤 한다.

하지만 이것은 늘 나에게 오해의 소지가 있는 것처럼 보였다. 나는 이렇게 하는 사람들에게 매료되지 않는다.

그러나 바울의 접근 방법은 매우 달랐다. 그는 우리가 하나님에 대해서 무언가를 모르는 것 때문이 아니라, 알고 있는 것 때문에 우리가 놀라고 두려워하고 감탄하고 예배하고 기쁘게 하나님께 복종할 때 가장 크게 영광을 받으신다고 말할 것이다.

한 산맥을 보면서 감탄하고 놀라는 것은 높은 곳에 서서 아래의 구름 사이로 산맥이 솟기도 하고 사라지기도 하는 모습을 보았을 때 가능하다. 혹은 수년 동안 그 산맥을 등정한 끝에 여러분이 상상할 수도 없이 높은 산 정상에 올랐을 때, 여러분 앞에 그리고 여러분 위에 전체 산맥이 펼쳐지는 경험을 하였을 때 가능하다.

구름 위의 세계에 대해서 여러분이 얼마나 아는 것이 없는지에 대해 시를 쓰고 에세이를 쓰면서, 작은 언덕에서 우리의 삶을 보내는 것은 결코 하나님께 큰 영광이 되지 않는다. 하나님께서 여러분의 손을 바울의 손과 맞잡게 하라. 그리고 남은 인생 내내 바울과 함께 계시의 고지대를 오르라.

"측량할 수 없고 찾을 수 없는?"

바울의 글 중에서 가장 오해되고 오용되는 것 중에 하나가 로마서 1-11장의 가장 절정에 해당하는 다음의 표현이다.

"깊도다 하나님의 지혜와 지식의 풍성함이여, 그의 판단은 헤아리지 못할 것이며 그의 길은 찾지 못할 것이로다 누가 주의 마음을 알았느냐 누가 그의 모사가 되었느냐 누가 주께 먼저 드려서 갚으심을 받겠느냐 이는 만물이 주에게서 나오고 주로 말미암고 주에게로 돌아감이라 그에게 영광이 세세에 있을지어다 아멘"(롬 11:33-36).

여기 열쇠가 되는 관찰이 있다. 바울은 하나님의 부요하심을 드러내는 대신에 단순히 하나님의 부요하심에 대한 솟구치는 감탄을 기록한 것이 아니다. 그의 마음을 놀라게 한 계시를 열 한 장이나 기록한 다음에 이것을 기록하고 있는 것이다. 따라서 방금 전에 자신이 드러낸 말씀 때문에 감정이 고조되어 있는 것이지, 여전히 가려진 채로 남은 말씀 때문이 아니다.

바울은 앞의 11장에서 우리가 생각할 수 있는 바를 넘어서는 하나님의 길의 높이와 깊이 안으로 우리를 이끌어주었다. 그리고 열한 장 끝에 이런 감탄의 표현들이 나오고 있는 것이다.

앞의 세 절만 읽어도, 우리는 하나님의 길에 관하여 깜짝 놀랄 것이다. 이는 이 세 절이 무지의 구름 뒤에 있기 때문이 아니라, 전혀 예기치 않고 직관에 반하며, 충격적이지만 하나님을 높이는 방식으로 계시되고 있기 때문이다. 바울은 유대인과 이방인을 향한 하나님의 계획을 아래와 같이 정리해주고 있다.

"너희가 전에는 하나님께 순종하지 아니하더니 이스라엘이 순종하지 아니함으로 이제 긍휼을 입었는지라 이와 같이 이 사람들이 순종하지 아니하니 이는 너희에게 베푸시는 긍휼로 이제 그들도 긍휼을 얻게 하려 하심이라 하나님이 모든 사람을 순종하지 아니하는 가운데 가두어 두심은 모든 사람에게 긍휼을 베풀려 하심이로다"(롬 11:30-32).

5분만 위의 구절들을 천천히 묵상해보라. 그러면 처음에는 얼떨떨하였다가 그 다음에는 놀랄 것이다. 이는 여러분이 아직 어둠 속에 있기 때문이 아니라, 빛이 너무나 눈부셔서 여러분이 보고 있는 바를 믿을 수가 없을 지경이 될 것이기 때문이다.

"찾을 수 없지만" 드러나다

바울은 하나님의 계시를 우리가 결코 찾을 수 없다고 말하고 있다. 하지만 그가 정말 말하고자 한 바는 하나님께서 우리를 무지한 상태로 작은 산언덕에 두신다는 뜻이 아니다.

"모든 성도 중에 지극히 작은 자보다 더 작은 나에게 이 은혜를 주신 것은 측량할 수 없는 그리스도의 풍성함을 이방인에게 전하게 하시고 영원부터 만물을 창조하신 하나님 속에 감추어졌던 비밀의 경륜이 어떠한 것을 드러내게 하려 하심이라"(엡 3:8-9).

이 본문은 이렇게 말하고 있는 게 아니다. "여러분 미안합니다. 그리스도의 풍성함은 신비의 어둠 속에 있어서 드러날 수 있는 게 아닙니다."

본문은 정반대로 말하고 있다. 바울은 "하나님께서 나를 부르셨고, 그 비밀을 드러내도록 은혜를 주셨다! 내가 그리스도에 관해 지금 쓰고 있는 것은 그리스도의 측량할 수 없는 풍성함이다"라고 말하고 있다.

세 가지 의미에서 그것은 측량할 수 없다: (1) 오랫동안 하나님 안에서 감추어졌다(하지만 더는 아니다). (2) 이것들은 신적인 계시를 통해서만 알 수 있을 뿐 인간의 지혜로는 알 수 없다. 바울은 이 계시를 기록하고 있는 중이다. (3) 여러분이 영감된 계시의 뜻에 더 높이 오를수록, 그 후에 하늘의 히말라야까지 오를수록 더 잘 보게 될 것이다.

지식에 넘치도록 아는 것

마지막 요점은 에베소서 다음 장에 나온 바울의 기도에 분명히 등장한다. 그는 이렇게 기도한다.

"능히 모든 성도와 함께 지식에 넘치는 그리스도의 사랑을 알고 그 너비와 길이와 높이와 깊이가 어떠함을 깨달아 하나님의 모든 충만하신 것으로 너희에게 충만하게 하시기를 구하노라"(엡 3:18–19).

바로 이것이다! 그리스도 안에 나타난 하나님의 길에 대한 놀라운 계시로(사도 바울의 편지를 통해서) 인해, 우리는 "지식에 넘치는 그리스도의 사랑을 안다."

우리는 하나님의 경이로움의 산맥들 위로 더 높이 더 높이 이끌려 올라가고, 그래서 실제로 우리가 몰랐던 것을 알게 되고, 이 산들이 이전에 오른 산보다 더 높은 산이라는 것을 깨닫게 된다.

하나님의 말씀의 믿음직한 쉐르파

바울이 계시의 언덕에 사는 것에 만족하면서 낮은 지대의 구름 위에 있는 "신비"의 가치에 대해서 멋진 말을 하는 사람들 중 하나였다면, 내가 이 책을 쓰지 않았을 것이다. 바울은 그런 사람이 아니다. 그는 하나님께서 자신을 "측량할 수 없는 그리스도의 풍성함"을 감추기 위해서가 아니라 전하게 하시려고 부르셨다는 것을 알고 있는 사람이다.

바울은 하나님께서 우리가 계곡에서 헤매면서 끝도 없이 탐험되지 않은 신비의 가치를 찬양할 때 영광을 받으시는 것이 아니라, 그분의 측량할 수 없는 판단과 찾을 수 없는 길로 우리를 이끄시는 그분의 초대를 우리가 수용할 때 영광을 받으신다고 말한다.

나는 바울이야말로 하나님의 계시의 히말라야에서 믿을 만한 쉐르파 역할을 할 수 있는 사람임을 알게 되었다.

그는 정말로 내가 몇몇 위험한 길들을 잘 헤쳐갈 수 있게 해주었다. 이것이 내가 바울을 사랑하는 이유다.

16장

우리 안에 있고 우리를 통해서 역사하시는, 하나님의 권능을 즐거워하는 사람

바울은 온 세상을 다스리시는 하나님의 압도적이고 섭리적인 통치와 인간의 행위와 책임에 대한 깊은 헌신을 결합하고 있다.

하나님의 순전한 실재를 진지하게 생각할 때, 그분의 권능의 정도에 관한 질문과 인간의 자유의 실재에 관한 질문이 제기될 수 있다. 물론 여러분이 하나님을 믿지 않는다 해도 마찬가지의 질문이 생길 수 있다. 이 질문들이 순전히 개인적인 질문들은 아닌 것이다. 만약 우주의 배후에 한 지적으로 탁월한 존재가 없다면, 그때 제기될 수 있는 질문은 하나님께서 인간의 의지를 주장하시는가 하는 것이 아니라, 인간의 의지라는 것이 단순한 세포의 움직임 이상의 어떤 의미가 있는가

하는 것이 된다.

절대적인 실재이자 삼위일체적 실재이신 하나님

하지만 바울은 하나님을 믿고 있으며, "만물이 주에게서 나오고 주로 말미암고 주에게로 돌아간다"(롬 11:36)는 것을 믿고 있다. 그는 또한 하나님께서 영원히 삼위일체(성부, 성자, 성령)로 존재하셨다는 것을 믿는다. 이 세 분은 한 하나님이시다. 즉 한 신적 본질을 가지셨지만 세 위로 존재하시는 분이다. 삼위일체는 위대한 신비이지만, 바울이 자신의 서신들에서 가르치고 있는 것에서 벗어나지 않는다.

성자 하나님은 하나님의 형상이다(고후 4:4; 골 1:15). "아버지께서는 모든 충만으로 예수 안에 거하게 하시고…그 안에는 신성의 모든 충만이 육체로 거하신다"(골 1:19; 2:9). 성령 하나님은 하나님의 영이며 또한 그리스도의 영이다(롬 8:9). 아들을 통해서 만물이 창조되었고 만물이 함께 서 있다.

"만물이 그에게서 창조되되 하늘과 땅에서 보이는 것들과 보이지 않는 것들과 혹은 왕권들이나 주권들이나 통치자들이나 권세들이나 만물이 다 그로 말미암고 그를 위하여 창조되었고 또한 그가 만물보다 먼저 계시고 만물이 그 안에 함께 섰느니라"(골 1:16-17).

바울은 우주가 인격적인 하나님에 의해 창조되었고 또 유지되고 있다고 이해하고 있는 것이다. 우주는 물질과 에너지와 시간의 무한대의 확장 말고 다른 것이 아니라는 식의 물질주의적 운명론의 기미가 전혀 존재하지 않는다. 바울은 우주는 지적인 한 인격이 손수 만든 작품으로 빛나고 있다고 생각한다. 우주는 하나님의 영광을 말하고 있다(롬 1:20).

만물이 그의 뜻을 따라

여기서 한 가지 질문이 제기된다. 하나님의 창조하시고 유지하시는 절대적인 활동이 어떻게 인간과 관계가 있는가? 우리는 바울이 "모든 일을 그의 뜻의 결정대로 일하시는 이의 계획을 따라 우리가 예정을 입어 그 안에서 기업이 되었으니"(엡 1:11)라고 말하는 것을 듣고도 놀라지 않는다.

바울에게 이런 하나님의 압도적인 주권은 이 세상에 선포되는 복음의 기초가 된다. 즉 이 무자비한 재난과 재앙과 고통과 죽음의 세상에서, 하나님은 모든 것을 자신을 사랑하는 자들에게 유익이 되게 만드실 수 있는 분이다. 만약 하나님께서 만물의 주관자가 아니시라면, 그는 모든 것을 선이 되도록 바꾸실 수 없었을 것이다. 그래서 바울은 "우리가 알거니와 하나님을 사랑하는 자 곧 그의 뜻대로 부르심을 입은 자들에게는 모든 것이 합력하여 선을 이루느니라"(롬 8:28)라는 놀라운 말을 할 수 있었던 것이다.

하나님의 권능은 우리를 무력화시키지 않고 도리어 자극한다

하나님의 주권에 대한 바울의 비전이 아름다운 것은, 그 주권이 우리의 의지의 실재와 중요성과 모순이 되지 않고, 도리어 우리를 놀라게 하고 또 우리에게 권한을 부여하는 방식으로 일관성을 갖추고 있기 때문이다. 바울은 이렇게 말하고 있다.

"그러나 내가 나 된 것은 하나님의 은혜로 된 것이니 내게 주신 그의 은혜가 헛되지 아니하여 내가 모든 사도보다 더 많이 수고하였으나 내가 한 것이 아니요 오직 나와 함께 하신 하나님의 은혜로라"(고전 15:10).

"너희가 나 있을 때뿐 아니라 더욱 지금 나 없을 때에도 항상 복종하여 두렵고 떨림으로 너희 구원을 이루라 너희 안에서 행하시는 이는 하나님이시니 자기의 기쁘신 뜻을 위하여 너희에게 소원을 두고 행하게 하시나니"(빌 2:12-13).

"너희를 위하여 같은 간절함을 디도의 마음에도 주시는 하나님께 감사하노니 그가 권함을 받고 더욱 간절함으로 자원하여 너희에게 나아갔고"(고후 8:16-17).

이런 식으로 현실을 보는 방식이 놀라운 것은, 이 세상에서 (그리고 우리의 삶에서) 하나님의 결정적이면서 주권적인 통치가 우리를 불러 행하게 하심에 있어서 장애물이 아니라 도움이 된다는 사실 때문이다. 하나님의 주권은 우리를 운명론자로 만들지 않는다. 하나님의 주권은 우리를 마비시키거나 "될 대로 될 거야"라고 말하도록 만들지 않는다. 하나님의 주권은 우리로 비인격적인 우주가 주는 무의미성에 환멸을 느끼게 만들지 않는다.

그 대신 하나님의 주권은 우리로 하여금 우리의 의지와 힘을 발휘할 수 있게 해준다. 왜냐하면 우리는 이것이 하나님께서 세상에서 인간을 통하여 역사하시는 방식이라는 것을 알기 때문이다. 이 세상에서의 하나님의 절대적인 통치가 무의미한 것은 전혀 없다는 소망을 우리에게 준다. 아무 것도 우발적인 것은 없다. 모든 것이 하나님의 무한한, 때로는 측량할 수 없는 지혜의 일부이다.

따라서 우리가 지난 장에서 보았듯이, 바울은 로마서의 가장 위대한 부분을 마치면서 이렇게 말하고 있다.

"깊도다 하나님의 지혜와 지식의 풍성함이여, 그의 판단은 헤아리지 못할 것이며 그의 길은 찾지 못할 것이로다 누가 주의 마음을 알았느냐 누가 그의 모사가 되었느냐 누가 주께 먼저 드려서 갚으심을 받겠느냐 이는 만물이 주에게서 나오고 주로 말미암고 주에게로 돌아감이라 그에게 영광이 세세에 있을지어다 아멘"(롬 11:33-36).

바울은 하나님의 권능과 풍요함과 지혜와 주권에 관해 생각하면서, 그것을 기쁘게 찬양하는 사람이다. 그는 G. K. 체스터튼이 말한 바와 같이, 하늘을 그의 머리 안에 억지로 맞추려고 하는, 광적인 합리주의자가 아니다. 도리어 그는 겸손하게 자신의 머리로 하늘에 이르는 좁은 길을 깨닫는 특권을 받은 그리스도의 행복한 종이다. 나는 듣고 배우는 것을 좋아한다. 특히 바울에게 듣고 배우는 것이 너무 좋다.

17장

고난에 관한 지구적 이해와
개인적인 공감의 마음을 지녔던 사람

바울은 이 세상에 존재하는 인간의 엄청난 비극과 고난에 대해 순진한 생각을 갖고 있지 않다. 바울이 이 신비를 살필 때, 그가 제시한 설명은 개별 그리스도인들에게 적용할 때는 인격적이고, 우주적 차원의 구속을 말할 때는 보편적인 성격을 보이고 있다.

우리는 개인적인 차원의 고통이나 상실에서 오는 고난에 관해 의미 있게 말할 수 있으면서, 동시에 전 우주가 왜 이런 식으로 존재하는지를 우주적인 차원에서 말할 수 있는 사람은 거의 드물다. 대부분의 사람들은 하나님의 선하심과 능력을 개인적인 필요에 적용할 수 있는 지혜로운 상담가이거나 아니면 왜 전 세계는 그 아름다움에도 불구하고 이렇게 끔찍한 재앙이 만연한지에 대해 지구적으로 생각하든지 둘 중에 하나를 취하고 있는 듯이 보인다. 한 사람에게서 이 두 안목을 모두 볼 수 있는 일은 드물고, 그럴 수 있다면 아름다울 것이다. 바울이 그런 사람이다.

새 신자들에게 고난을 받으라고 가르치다

새롭게 교회를 시작하고 그 교회의 지도자들을 임명한지 얼마 안 되어서, 바울은 새로운 신자들이 고난을 받을 준비를 하도록 돕고 있다.

"복음을 그 성에서 전하여 많은 사람을 제자로 삼고 루스드라와 이고니온과 안디옥으로 돌아가서 제자들의 마음을 굳게 하여 이 믿음에 머물러 있으라 권하고 또 우리가 하나님의 나라에 들어가려면 많은 환난을 겪어야 할 것이라 하고"(행 14:21-22).

바울은 예수님께서 자신의 제자들에게 부여하신 요구들을 완화시키려고 하지 않았다. 그는 사람들을 번영의 약속으로 유혹하고는 어려움이 닥치면 어조를 바꾸는 미끼 상술 전략을 쓰지 않았다. 그는 "무릇 그리스도 예수 안에서 경건하게 살고자 하는 자는 박해를 받으리라"(딤후 3:12)라고 분명히 말하고 있다.

환난이 시작되었을 때, 그는 신자들에게 그들이 무언가 이상한 일에 연루되고 있는 것이 아님을 상기시켜주었다. 그들은 어떤 죄가 있어서 고난 받도록 지명된 것이 아니었다. 그들은 하나님께서 여러분의 사랑하는 자들에게 이미 작정하신 바를 겪고 있을 뿐이었다. 따라서 바울은 그들에게 "이 여러 환난 중에 흔들리지 말라"고 한다. 이는 "우리가 이것을 위하여 세움 받은 줄을 너희가 친히 알기 때문"(살전 3:3)이라고 말한다.

하나님의 렌즈로 개인적인 고난을 보다

바울은 사람들이 영원한 유익을 위한 하나님의 선하신 목적의 렌즈로 자신들의 고난을 보도록 도왔다.

"그러므로 너희가 견디고 있는 모든 박해와 환난 중에서 너희 인내와 믿음으로 말미암아 하나님의 여러 교회에서 우리가 친히 자랑하노라 이는 하나님의 공의로운 심판의 표요 너희로 하여금 하나님의 나라에 합당한 자로 여김을 받게 하려 함이니 그 나라를 위하여 너희가 또한 고난을 받느니라"(살후 1:4-5).

바울은 핍박의 고통 중에 있는 그리스도인들뿐만 아니라 질병이든 사고든 상실이든 삶의 일상적인 어려움이든 고난 속에 있는 모든 개별 그리스도인들까지도 도왔다. 그는 모든 피조세계는 타락으로 인한 허무함 때문에 탄식하고 있다고 설명하였으며, 이어서 그리스도인들도 이 신음에서 예외가 아니라고 말하고 있다.

"피조물이 다 이제까지 함께 탄식하며 함께 고통을 겪고 있는 것을 우리가 아느니라 그뿐 아니라 또한 우리 곧 성령의 처음 익은 열매를 받은 우리까지도 속으로 탄식하여 양자 될 것 곧 우리 몸의 속량을 기다리느니라"(롬 8:22-23).

다시 말해서, 그리스도인들은 그리스도께서 우리의 몸을 구속하러 오실 때까지는 이 세상에서 거의 모든 종류의 탄식을 견뎌야 한다는 것이다. 몸으로 사는 삶(타락한 세상에서의 삶)은 곧 탄식 가득한 삶이다. 따라서 여러분이 그리스도를 신뢰한다면, 담대하라. 여러분의 고난은 여러분을 향한 하나님의 진노 때문이 아니다. 죄로 인해 여러분이 받아야 할 정죄는 그리스도의 죽음으로 제거되었다(롬 8:1). 여러분의 탄식은 제한적이다. 구속이 오고 있다. "그의 노염은 잠깐이요 그의 은총은 평생이로다 저녁에는 울음이 깃들일지라도 아침에는 기쁨이 오리로다"(시 30:5).

온 피조세계가 탄식하는 이유

놀랍게도 바울은 당장 고난 중에 있는 우리를 개인적으로 도우려고 애를 쓸 뿐 아니라, 큰 그림을 갖고 왜 온 피조 세계가 이렇게 엉망인지를 이해하도록 돕고 있다. 여기 로마에 보낸 그의 위대한 편지에 핵심이 되는 구절이 들어 있다.

"피조물이 허무한 데 굴복하는 것은 자기 뜻이 아니요 오직 굴복하게 하시는 이로 말미암음이라 그 바라는 것은 피조물도 썩어짐의 종 노릇 한 데서 해방되어 하나님의 자녀들의 영광의 자유에 이르는 것이니라 피조물이 다 이제까지 함께 탄식하며 함께 고통을 겪고 있는 것을 우리가 아느니라"(롬 8:20–22).

세상이 허무한 데 굴복했다는 이 표현은 아담과 하와가 하나님의 선하심과 지혜와 권위를 버린 후 에덴동산에 행하신 하나님의 행위를 가리킨다. 하나님께서는 자신이 하겠다고 말씀하신 대로 행하셨다(창 2:17). 그는 세상에 죽음이 들어오게 하셨으며, 피조세계를 썩어짐의 종노릇 한 데 있게 하셨고, 허무함이 만연하게 하셨다. 다시 말해서, 인간의 반역적인 죄에 대한 하나님의 심판은 자연의 아름다운 기능을 파괴하는 것이었다. 이제 모든 것이 잘못되어 가고 있다. 썩음과 허무함이 고난과 죽음의 형태로 창조 질서를 통해 피조세계에 침투하였다.

인간의 도덕적인 악으로 인한 세상의 고난?

죄는 인간의 마음의 행위인데, 왜 하나님의 심판이 물리적인 세상에 임하였는가라고 묻는다면, 우리는 이 피조세계의 종노릇을 향한 하나님의 목적을 살펴볼 수 있다. 나는 물리적인 세상의 비극이 도덕적인 추함과 죄에 대해 가시적으로, 그리고 깊이 느낄 수 있는 증거이기 때문이라고 대답하고 싶다.

우리들 대부분에게 마음의 죄(하나님 자신보다 하나님의 선물을 더 선호하는 태도)는 영혼의 큰 고통을 자아내지 않는다. 우리는 우주의 분노를 느끼지 못하고 있는 것이다. 그러니까 우리는 이 세상을 아름답게 창조하시고 유지하시는 분이 무시되고 수치를 당하고 있는 것을 감지하지 못하는 존재들이다. 하지만 우리의 몸이 고통을 당해보라. 그러면 우리는 이런 일이 벌어지고 있다는 사실에 대해서 깊이 자각하게 될 것이다.

다시 말해서, 하나님께서는 물리적인 세상이 썩음에 굴복하게 하심으로써 실제 우리가 그것을 느낄 수 있는 방식으로 죄의 분노를 보여 주신 것이다. 모든 물리적인 고난과 슬픔이 우리를 향해서 "죄가 얼마나 끔찍한지 보시오"라고 비명을 지르고 있다. 이런 방식으로 우리의 도덕적인 상태가 하나님 앞에서 얼마나 심각한지를 보여주고 있는 것이다.

이것이 세상의 구속은 결코 값싸지 않으며, 죄인을 위해 죽은 하나님의 아들의 무한대의 대가를 지불할 수밖에 없는 이유이다.

지구적 비전과 개인적 공간

만약 누군가 고난에 관해 지구적 설명을 할 수 있으면서도, 자신의 개인적 고난을 우리를 위로하는 도구로 사용할 줄 안다면, 그건 참으로 아름다우면서도 드문 일이 될 것이다. 하지만 바울은 여러 차례 이와 같은 모습을 보여주었다. 그는 그런 식으로 되기를 바랐다.

"우리가 환난 당하는 것도 너희가 위로와 구원을 받게 하려는 것이요 우리가 위로를 받는 것도 너희가 위로를 받게 하려는 것이니 이 위로가 너희 속에 역사하여 우리가 받는 것 같은 고난을 너희도 견디게 하느니라"(고후 1:6).

나는 이 말을 나 개인에게 적용한다. 나는 그의 커다란 지구적 비전 때문에 그를 사랑하며, 자신의 고난을 나를 위로하는 도구로 전환하는 그의 모습을 사랑한다.

18장

인간의 죄의 공포,
인간의 영광의 소망을 품었던 사람

> 바울은 인간의 본성에 대해 깊이 이해하고 있다. 죄성의 본래적이고, 제멋대로이고, 율법주의적인 형태뿐만 아니라, 그 구속 받은 본성의 아름다움과 영광스러운 운명까지 잘 이해하고 있다.

나는 인간의 본성에 대해서 한결같이 모질고 염세적이기만 한 사람들이 많다는 사실에 우리가 동의할 것이라고 생각한다.

반대로 너무 낙관적이어서 모든 인간의 문제가 인간이 처한 환경에서 비롯된 것일 뿐 본성에서 비롯된 것은 아니라고 생각하는 이들도 있다. 지독하게 인색한 자들이 있는가 하면 지나친 낙관주의자들이 있는 것이다.

인간 본성의 음침함과 아름다움

바울은 이 두 범주 가운데 어느 하나로 빠지지 않고 있다. 그는 대부분의 사람들이 헤아릴 수 있는 것보다 타락한 인간 본성에 대해 더욱 부정적인 견해를 갖고 있으며, 대부분의 사람들이 꿈꿀 수 있는 인간의 운명에 대한 견해보다 더욱 고양된 견해를 갖고 있다.

인간의 죄성에 대한 이같은 철저한 현실주의와 인간의 영광에 대한 장엄한 비전이 결합된 바울의 인간 이해 때문에, 나는 바울의 견해에 동조하고 있다. 그는 쉽게 범주화할 수 있는 사람이 아니다.

여러분이 인간의 악에 대한 어떤 염세주의적인 단어를 읽고 있을 때, 여러분은 그 인간의 악이 향하고 있는 어떤 아름다운 초상을 보고 있는 것이다.

음침함

바울은 편애하지 않는다. 그는 영적인 사망 상태를 평가할 때, 비종교적이고 비도덕적이고 부자인 사람과 종교적이고 도덕적이고 가난한 사람을 똑같이 취급하고 있다. 인간 본성에 대한 보편적인 정죄를 나타내는 이 표현 가운데 마지막 다섯 단어들에 주목하라.

"그는 허물과 죄로 죽었던 너희를 살리셨도다 그 때에 너희는 그 가운데서 행하여 이 세상 풍조를 따르고 공중의 권세 잡은 자를 따랐으니 곧 지금 불순종의 아들들 가운데서 역사하는 영이라 전에는 우리도 다 그 가운데서 우리 육체의 욕심을 따라 지내며 육체와 마음의 원하는 것을 하여 다른 이들과 같이 본질상 진노의 자녀이었더니"(엡 2:1-3).

우리의 문제의 뿌리는 무지가 아니다. 무지 아래에 하나님과 그분의 도에 반대하는 굳은 마음이 있다. 내가 바울의 도움을 받아 죄의 밑바닥까지 엎드렸을 때, 나는 그 뿌리에서 내가 해야 했던 선을 몰랐던 순수한 무지를 본 것이 아니라, 내가 알고 있는 선을 행하지 않은 굳음을 보았다.

"그들의 총명이 어두워지고 그들 가운데 있는 무지함과 그들의 마음이 굳어짐으로 말미암아 하나님의 생명에서 떠나 있도다"(엡 4:18).

이 굳은 마음은 하나님의 법을 버리고 지독한 무법의 상태로 타락하는 형태로 나타나든지(롬 1:28-32), 혹은 하나님의 법을 자신의 종교적 도덕적 교만을 뒷받침하려는 수단으로 사용하는 형태로 나타날 수 있다(롬 2:1-5). 이런 죄의 질병에서 예외인 이는 아무도 없다. 우리는 모두 오염되었다. 그 오염은 하나님께 죄를 범한 우리의 첫 조상들로부터 인류를 따라 전해져 내려왔기 때문이다. 이것이 우리가 원죄라고 부르는 그것이다. 바울은 그것을 보았고 또 가르쳤다.

아름다움

하지만 놀랍게도 바울은 이 타락한 세상은 세상의 비극을 역전시킬 한 계획의 일부라고 가르쳤다. 아담을 통해 모든 인류가 죄인이 되었다. 그리고 모든 피조물은 죽음과 눈물의 저주 아래 떨어졌다. 하지만 바울이 아담을 이런 식으로 소개하는 바로 그 지점에서, 그는 그리스도를 둘째 아담으로 묘사하고 있다. 그리스도 안에서 새 인류(그분의 은혜를 많은 모든 이들)는 정죄로부터 구원을 받아 영생을 상속 받을 것이다.

"한 사람의 범죄로 말미암아 사망이 그 한 사람을 통하여 왕 노릇 하였은즉 더욱 은혜와 의의 선물을 넘치게 받는 자들은 한 분 예수 그리스도를 통하여 생명 안에서 왕 노릇 하리로다"(롬 5:17).

다시 말해서, 타락과 비극은 이 세상을, 실제로는 전 우주를 묘사하는 최종 단어가 아니다. 하나님께서는 인류를 헛되게 창조하시지 않았다. 그리스도 예수님 안에서 우리의 운명은 상상 그 이상이 된다.

"기록된 바 하나님이 자기를 사랑하는 자들을 위하여 예비하신 모든 것은 눈으로 보지 못하고 귀로 듣지 못하고 사람의 마음으로 생각하지도 못하였다 함과 같으니라"(고전 2:9). 문자 그대로 그것은 상상할 수 없다.

모든 피조물이 새로워질 것이다. 더는 자연 재앙도, 환경적인 퇴화도, 유행병도 없을 것이다. 이 모든 세상의 갱신은 하나님의 자녀들의 삶과 기쁨을 위해서이다. 그들의 죄는 그리스도 안에서 용서를 받았고, 하나님의 성령을 통해서 그들은 도덕적인 온전함에 이르게 된다.

"피조물이 고대하는 바는 하나님의 아들들이 나타나는 것이니 피조물이 허무한 데 굴복하는 것은 자기 뜻이 아니요 오직 굴복하게 하시는 이로 말미암음이라 그 바라는 것은 피조물도 썩어짐의 종 노릇 한 데서 해방되어 하나님의 자녀들의 영광의 자유에 이르는 것이니라"(롬 8:19-21).

그 날까지, 예수 그리스도를 믿음으로 말미암아 "은혜와 의의 선물을 넘치게 받은" 자들은(롬 5:17) 교만으로 우쭐거리지 않을 것이고, 자신의 기업이 전적으로 은혜이며 자신은 자격이 없고 예수님의 피로 산 바 되었으니 겸손할 것이다. 이것은 장엄하지만 동시에 겸손한 소망이다.

"그런즉 누구든지 사람을 자랑하지 말라 만물이 다 너희 것임이라 바울이나 아볼로나 게바나 세계나 생명이나 사망이나 지금 것이나 장래 것이나 다 너희의 것이요 너희는 그리스도의 것이요 그리스도는 하나님의 것이니라"(고전 3:21-23).

진리의 고리

내가 뿌리 깊은 죄악된 본성과 그 장엄한 미래를 동시에 가진 바울의 인간성에 대한 비전을 생각할 때, 무언가 번뜻 생각이 났다. 그 비전이 진리의 고리를 갖고 있다는 사실이다. 이는 내가 역사에서 본 것, 뉴스에서 본 것, 내 마음에서 본 것과 맞아떨어진다. 그것은 우리의 타락에 대한 건전한 평가만도 아니고, 영광스러운 미래에 대한 비전만도 아니다. 그것은 둘의 결합이며, 또한 절망적인 타락에서 영광스런 소망까지 모든 것이 기울어진 상황에서 받침대 역할을 하는 예수 그리스도의 인격이다.

나는 이 비전과, 또한 그 비전을 보았고 살았고 또 그것을 위해서 고난을 겪은 한 사람(바울)이 전적으로 감탄하지 않을 수 없는 대상이라는 사실을 알고 있는 것이다.

19장

그리스도인의 자유에 관한 진리를 보여주면서도, 단순한 방식으로 보여주지 않은 사람

바울은 기독교의 자유와 복종의 복잡함을 지나치게 단순화시키고 있지는 않다. 바울은 모든 그리스도인들을 향한 그의 요구(합당한 권세에 대한 복종)를 자기 자신부터 실천하였다. 그는 그리스도 안에만 참다운 자유가 있다는 사실을 알았고 또 가르쳤다. "모든 것으로부터 자유하고 또 모든 것들의 종이 되는" 자유 말이다.

극단적으로 단순화한(simplistic)이라는 말이 있는데, 이는 너무 단순화한 나머지 실제 삶의 복잡한 측면들을 담을 수 없을 만큼의 설명이나 지침이 존재하기 때문이다. 우리는 복잡한 실체들을 단순화할 수 있는 사람을 존경한다. 하지만 지나치게 단순화시키는 상담가나 설교자나 교사를 존경하지 않는다. 그들은 때로 번잡한 일들이 벌어지는 세상, 즉 실재하는 세상에 살지 않는 사람처럼 보인다. 수년 동안 바울의 글들을 읽는 동안 그는 나에게 지나치게 단순화한다는 인상을 준 적이 단 한 번도 없었다. 가장 대표적인 예가 이 세상에서 권세에 복종하는 문제를 다루면서 동시에 그리스도인의 자유에 대해서도 같이 다루고 있는 방식을 들 수 있다.

우리는 하늘의 시민이다. 그러므로…

하나님께서 "우리를 흑암의 권세에서 건져내사 그의 사랑의 아들의 나라로 옮기셨다"(골 1:13)는 것은 가장 근본이 되는 그리스도인의 현실이다. 그리스도인은 그리스도와 연합되어 있기 때문에, 그리스도인들은 우리가 이미 그와 함께 죽고 그와 함께 살았으며, 이미 그와 함께 하늘에 안전하게 거하고 있음을 실재적으로 느끼고 있다.

"그러므로 너희가 그리스도와 함께 다시 살리심을 받았으면 위의 것을 찾으라 거기는 그리스도께서 하나님 우편에 앉아 계시느니라. 위의 것을 생각하고 땅의 것을 생각하지 말라 이는 너희가 죽었고 너희 생명이 그리스도와 함께 하나님 안에 감추어졌음이라"(골 3:1-3).

바울은 그리스도와의 연합이라는 사실로부터 다음의 급진적인 함의를 도출해내고 있다.

"그러나 우리의 시민권은 하늘에 있는지라 거기로부터 구원하는 자 곧 주 예수 그리스도를 기다리노니 그는 만물을 자기에게 복종하게 하실 수 있는 자의 역사로 우리의 낮은 몸을 자기 영광의 몸의 형체와 같이 변하게 하시리라"(빌 3:20-21).

만약 그리스도인들에게는 이 세상이나 이 세상의 기관에 대해 아무런 책임이 없다는 견해를 이 현실로부터 도출해낸다면, 그것은 지나치게 단순화한 추론이 될 것이다. 그것은 바울의 견해가 아니다. 그 대신, 이 세상으로부터 자유한 우리 그리스도인을 하나님은 다시 세상 속으로 보내셔서 세상의 기관에게 복종하게 하시되, "주님을 위하여" 그렇게 하도록 하신 듯이 보인다(벧전 2:13). 혹은 바울이 말하고 있는 것처럼 "그리스도를 경외함으로"(엡 5:21) 복종하도록 보냄을 받았다.

국가와 직업과 가정에서의 복종

여러분의 시민권은 저 하늘에 있긴 하지만, 그럼에도 불구하고 여러분에게는 이 세상 나라에서 감당할 책임 있는 시민으로서의 역할이 있다: "각 사람은 위에 있는 권세들에게 복종하라 권세는 하나님으로부터 나지 않음이 없나니 모든 권세는 다 하나님께서 정하신 바라"(롬 13:1).

인간 정부 뒤에 있는 하늘 아버지의 손을 보라. 그리고 하나님을 위해 그 정부에게 복종하라.

비슷하게 사회 경제적인 영역에서 인간의 권세에 복종하라. 그러면 여러분의 복종이 그리스도를 향한 섬김으로 변할 것이다.

> "종들아 두려워하고 떨며 성실한 마음으로 육체의 상전에게 순종하기를 그리스도께 하듯 하라 눈가림만 하여 사람을 기쁘게 하는 자처럼 하지 말고 그리스도의 종들처럼 마음으로 하나님의 뜻을 행하고 기쁜 마음으로 섬기기를 주께 하듯 하고 사람들에게 하듯 하지 말라"(엡 6:5-7).

그리스도를 향한 충성과 이 땅의 권세들을 향한 충성이 이토록 긴밀하게 얽혀 있다는 사실이 놀랍지 않은가? 이것은 지나친 단순화가 아니다. 이는 복잡한 사안이며, 따라서 그것은 곧 긴장을 야기할 것이고, 심지어 한계점에 이르게 될 것이다.

가정에서도 마찬가지다. "아내들이여 자기 남편에게 복종하기를 주께 하듯 하라"(엡 5:22). "자녀들아 주 안에서 너희 부모에게 순종하라 이것이 옳으니라"(엡 6:1).

항상 자유하지만 항상 섬겨야 한다

분명 그리스도께서 오셔서 세상을 다스리시기 위해 부활하셨기 때문에, 그분을 향한 우리의 절대적인 충성은 다른 모든 충성들을 상대화시킨다. 즉, 우리는 모든 다른 관계들에서 그들의 뜻이 아니라 그분의 뜻을 따라 섬긴다는 뜻이다. 이는 그 관계들이 하나님께서 우리에게 행하라고 부르신 것들과 상충되는 곳은 어디든지 그분의 권세가 우선한다는 뜻이다.

실제로 우리가 그 기관들에게 복종하고 있는 동안에도 이런 기관들로부터 우리는 자유로운 존재들이다.

"네가 종으로 있을 때에 부르심을 받았느냐 염려하지 말라 그러나 네가 자유롭게 될 수 있거든 그것을 이용하라 주 안에서 부르심을 받은 자는 종이라도 주께 속한 자유인이요 또 그와 같이 자유인으로 있을 때에 부르심을 받은 자는 그리스도의 종이니라 너희는 값으로 사신 것이니 사람들의 종이 되지 말라"(고전 7:21-23).

하나 더 보자. "값으로 산 것이 되었으니 그런즉 너희 몸으로 하나님께 영광을 돌리라"(고전 6:19-20). 그리스도께서는 자신의 피로 우리를 사셨으니(행 20:28), 그는 우리의 소유권자이시다.

따라서 우리의 삶을 향한 다른 모든 권리주장들은 부차적이다. 우리는 그리스도의 뜻을 따라서, 그분을 위하여 그런 권리주장들을 다루어야 한다. 이는 이것들이 우리에 대하여 본래적인 권리를 갖고 있지 않기 때문이다.

그리스도께서는 자유를 위해 우리를 자유케 하셨다

이 그리스도인의 자유는 그리스도의 백성으로서 우리가 누구인지에 관한 핵심에 해당한다. 그것은 한 기관으로부터의 자유보다 더 깊은 차원의 자유이다.

그것은 또한 하나님과 올바른 관계를 맺는 한 방식이던 하나님의 율법으로부터 자유이기도 하다. 그리스도께서 우리 위하여 돌아가셨을 때, 그는 하나님의 법이 우리의 죄책을 향하여 요구한 형벌을 대신 치르셨다(롬 5:8-9; 8:3). 그는 우리의 의를 위한 율법의 요구인 모든 순종을 성취하였다(롬 5:19).

따라서 우리는 자유를 얻었다! 우리는 하나님과의 바른 관계를 위해 율법을 지키는 삶으로 돌아가지 않아도 된다. 우리가 하나님께서 명하신 것을 행할 때 그리스도를 믿는 믿음을 통해 하나님과 이미 올바른 관계에 있기 때문에, 올바른 관계를 맺기 위하여 순종하는 것이 아니다. 바울은 다음과 같이 말한다.

"그리스도께서 우리를 자유롭게 하려고 자유를 주셨으니 그러므로 굳건하게 서서 다시는 종의 멍에를 메지 말라. 보라 나 바울은 너희에게 말하노니 너희가 만일 할례를 받으면(즉, 율법을 행하면) 그리스도께서 너희에게 아무 유익이 없으리라 내가 할례를 받는 각 사람에게 다시 증언하노니 그는 율법 전체를 행할 의무를 가진 자라"(갈 5:1-3).

예수님은 사랑의 길을 아신다

따라서 우리는 하나님의 율법으로부터 자유하며, 또한 세상의 기관으로부터도 자유하다. 심지어 그것이 하나님이 세우신 기관일지라도 말이다(국가, 사업체, 가정). 그리스도를 우리의 소유권자이시며 우리는 그분의 소유이다. 그는 우리의 절대적인 명령권자이며, 동시에 보호자가 되신다.

만약 그가 우리를 어떤 율법이나 기관에 복종하도록 요구하신다면, 우리는 복종해야 한다. 이 기관이 절대적이어서가 아니다. 율법 준수가 우리로 하나님과 올바른 관계를 맺게 해주기 때문도 아니다. 우리가 그렇게 하는 것은 그리스도께서 우리가 하는 것보다 더 나은 사랑의 길을 알고 계심을 우리가 믿기 때문이다.

이것이 "내가 모든 사람에게서 자유로우나 스스로 모든 사람에게 종이 된 것은 더 많은 사람을 얻고자 함이라"(고전 9:19)라고 한 바울의 놀라운 말씀의 배경이다.

아마 이를 통해, 여러분은 바울이 결코 지나치게 단순화하지 않는다는 말이 무엇을 뜻하는지 감을 잡았을 것이다. 그리스도인은 자유롭다. 그것은 그리스도 안에서 누리는 영광스러운 자유이다. 하지만 이 세상을 향하여 우리의 삶은 타인의 필요에 우리의 안위를 끊임없이 종속시키는, 종들에 지나지 않는 듯 보인다.

"각각 자기 일을 돌볼뿐더러 또한 각각 다른 사람들의 일을 돌보아

나의 기쁨을 충만하게 하라"(빌 2:4).

하지만 하나님이 보시기에는 이런 사랑과 섬김의 삶이 가장 자유로운 삶이다. 그것은 지나치게 단순화한 현실이 아니다. 그것은 아름답고 그리스도의 십자가에서 곧장 흘러나온 삶이다. 나는 이 복잡한 아름다움을 맛볼 수 있게 도와준 바울을 사랑한다.

5부

공동체를 향한 열정을 품다

20장

정상에서 외롭기보다는,
소중한 친구들과 연대하는 사람

바울이 개인적으로 관계를 맺는 것을 보면 놀라울 정도다. 특별히 그가 자기 친구들을 거의 보지 못하고, 그가 교회 안에서 사상적으로나 지위로나 매우 높은 위치에 있다는 것을 고려하면 더욱 그렇다.

"정상은 외롭다"는 말을 들은 적이 있을 것이다. 이는 최고경영자(CEO)나 담임목사나 비영리단체의 지도자들이나 엄청난 권력을 가진 정치인들, 그리고 그 분야의 정상에 있는 학자들과 수없이 많은 팬들을 가진 운동선수들과 배우들과 음악가들은 실제적이고, 여유롭고, 상처를 받을 수도 있는 상호적인 관계들로부터 유리된 환경에서 살게 된다는 것을 의미한다.

정상에 있는 지도자의 외로움은 부분적으로 직원들이나 팬들이 지도자를 범접할 수 없는 자리에 올려놓았기 때문일 수도 있으며, 부분적으로는 지도자 자신이 스스로 자신들이 그런 자리에 있는 듯이 처신하기 때문일 수도 있다. 또한 지도자들이 겪은 경외 경험과 소외 인식 때문일 수도 있으며, 성장을 위해 관계를 맺을 여지가 없을 만큼 바쁜 지도자 자신이 만든 빡빡한 일정 때문일 수도 있다. 또한 그들이 느낀 위협(실재든지 아니든지) 때문일 수도 있고, 압박과 과업이 있어야 평안함을 느끼고, 권위 구조나 생산적인 목적이 없는 일상적이고 개인적인 일들에는 불편함을 느끼는 지도자의 성품 때문일 수도 있다.

허세 없는 권력

하지만 여러분과 눈을 마주치고 여러분의 이름을 기억하고 여러분의 삶에 대해 물어주고, 자기를 낮춰서 여러분의 아이들과 대화하고, 점심 먹을 때 셔츠에 무언가 묻은 것에 대해 별로 신경 쓰지 않는 리더는 거의 드물다. 당신은 그가 자신의 권력을 대단히 허세 없이 사용하는 것을 보면서 놀랄 것이다. 여러분은 그런 리더를 좋아한다.

모든 사람은 바울이 자신의 기독교회들에서 엄청난 권위를 행사하였다는 사실을 안다. 그는 정상에 있었다. 다른 사도들이 똑같은 권위를 주장하였어도, 그보다 더 권위가 있었던 사도는 없었다. 아무도 그보다 더 은사가 많지 않았다. 여러분은 고린도전서 14:37-38에서 그가 말하는 것을 들어보면, 그가 어떤 권위를 행사하였는지를 느낄 수 있을 것이다.

"만일 누구든지 자기를 선지자나 혹은 신령한 자로 생각하거든 내가 너희에게 편지하는 이 글이 주의 명령인 줄 알라 만일 누구든지 알지 못하면 그는 알지 못한 자니라."

이런 말은 만약 만유의 주이신 예수 그리스도께서 바울을 불러 자신의 대사로 임명하지 않으셨다면, 오만한 발언이 되었을 것이다(행 26:16-18).

만약 바울이 교회들 위에 군림하기 위해 이 권세를 사용하였다면, 그는 오만한 사람이었을 것이다. 그 대신 그는 고린도후서 10:8에서 말한 대로, 자신의 "권세는 너희를 무너뜨리려고 하신 것이 아니요 세우려고 하신 것"이었음을 깊이 알고 있었다.

이런 깊은 확신에서, 바울은 "우리가 너희 믿음을 주관하려는 것이 아니요 오직 너희 기쁨을 돕는 자가 되려 함이니"(고후 1:24)라고 말하였다. 그는 사람들이 자신의 권력에 주목하게 할 마음이 없는 사람이었다. 실제로 그는 "사람이 마땅히 우리를 그리스도의 일꾼이요(문자적으로는 노예) 하나님의 비밀을 맡은 자로 여길지어다"(고전 4:1)라고 말하고 있다.

진정한 거인

그럼에도 불구하고, 바울은 교회들 가운데서 거인으로서 행보를 보였으며, 그로 인해 바울은 자신이 맺고 있는 모든 인격적인 관계 맺기(relational connectedness)를 더욱 탁월하게 만들었다. 한 예를 생각해보자. 그가 쓴 위대한 서신인 로마서의 마무리 부분을 보라. 개인적인 안부 인사를 한 번 살펴보라.

"또 저의 집에 있는 교회에도 문안하라 내가 사랑하는 에배네도에게 문안하라 그는 아시아에서 그리스도께 처음 맺은 열매니라 너희를 위하여 많이 수고한 마리아에게 문안하라 내 친척이요 나와 함께 갇혔던 안드로니고와 유니아에게 문안하라 그들은 사도들에게 존중히 여겨지고 또한 나보다 먼저 그리스도 안에 있는 자라 또 주 안에서 내 사랑하는 암블리아에게 문안하라 그리스도 안에서 우리의 동역자인 우르바노와 나의 사랑하는 스다구에게 문안하라 그리스도 안에서 인정함을 받은 아벨레에게 문안하라 아리스도불로의 권속에게 문안하라 내 친척 헤로디온에게 문안하라 나깃수의 가족 중 주 안에 있는 자들에게 문안하라 주 안에서 수고한 드루배나와 드루보사에게 문안하라 주 안에서 많이 수고하고 사랑하는 버시에게 문안하라 주 안에서 택하심을 입은 루포와 그의 어머니에게 문안하라 그의 어머니는 곧 내 어머니니라 아순그리도와 블레곤과 허메와 바드로바와 허마와 및 그들과 함께 있는 형제들에게 문안하라 빌롤로고와 율리아와 또 네레오와 그의 자매와 올름바와 그들과 함께 있는 모든 성도에게 문안하라 너희가 거룩하게 입맞춤으로 서로 문안하라 그리스도의 모든 교회가 다 너희에게 문안하느니라"(롬 16:5-16).

열두 절에서 16번이나 그는 "문안한다"라는 말을 하고 있다. 우리가 이같이 말할 때마다, 적어도 세 사람이 관여된다. 이 경우에 바울이 있고, 그가 편지를 쓰고 있는 대상이 있고, 그들이 문안을 전해주기 원하는 사람이나 그룹이 있다.

이 세 부류를 연결할 때 어떤 일이 벌어지는가? 무언가가 중간에 있는 사람에 의해 세 번째 사람에게 전달된다. 무엇을 전달하는가? 그렇다. 문안이다. 그런데 문안의 초점은 무엇인가? 문안의 초점은 사랑이다.

그는 네 번이나 분명히 "사랑하는"이라고 말하고 있다(5. 8. 9. 12절). 바울은 이 사람들을 사랑한다. 이것이 이 본문이 말하고자 하는 바이다. 바울은 "나는 이 사람들을 사랑하며, 내 마음에서부터 비롯된 나의 사랑이 여러분들에 의해 그들의 마음에 전달되기를 바랍니다. 그러므로 부디 내가 한 이 말들을 취하여, 그것들을 여러분이 나의 사랑을 26명이나 되는 사람들의 삶에 쏟아 붓는 병(bottle)이 되게 하십시오."라고 말하고 있는 것이다.

어떤 리더인가?

놀랍다. 나는 이런 식의 편지를 써본 적이 단 한 번도 없다. 나는 내 친구에게 26명이나 되는 사람의 이름을 거론하며 그들에게 내 안부를 전해달라고 부탁해본 적이 없다. 나는 전기문이나 회고록에서 이런 식의 글을 읽어본 적도 없다. 이런 인격적인 관계 맺기 방식은 드문 일이다. 1세기에 가장 영향력이 있는 기독교 지도자(정상에 있는 지도자)로부터, 우리는 우리를 깜짝 놀라게 할 만한 인격적인 관계 맺기 방식을 볼 수 있다. 그는 한 번도 로마에 가본 적도 없는 사람이다. 그런데 이 모든 사람들은 지금 로마에 살고 있다. 그는 그들을 다른 곳에서 만났으며, 그들의 여정을 추적하였고, 그래서 그들의 형편을 알고 있었다.

여기 자신의 권위나 정상에 있는 지위 때문에, 이 친구들에게서 느낀 애정들이 질식되는 것을 허용하지 않는 사람이 있다. (하나님에 관한 그의 탁월한 사상과 함께)

로마서의 이 마지막 장을 읽으면, 여러분도 그것을 느끼지 않을 수 없을 것이다. 이는 정치가 아니다. 이는 개인적인 애정이며 사랑이다. 이 사랑이 2천년이 지난 지금에도 우리 안에서 그를 향하여 똑같은 사랑을 이끌어내고 있다.

21장

자충족적인 그리스도와
도움이 필요한 공동체를 필요로 했던 사람

초대교회에서 바울이 누리던 권위와 존경에도 불구하고, 그리고 그가 타인의 영적인 필요를 채워줄 것이라는 기대에도 불구하고, 바울은 자신이 "그리스도인은 아무도 다른 사람에게 '난 당신이 필요하지 않아'라고 말할 수 없다"라고 한 자신의 설교대로 실천하였다. 그는 타인이 자신을 격려하고 기운을 북돋아 주기를 갈망하였다.

바울은 신약성경에 나오는 13편의 서신에서 16차례 자신을 사도로 소개한다. 이는 예수님 자신의 다스림 아래 있던 초대 교회에서 가장 높은 직함이었다(고전 14:37-38). 하지만 이 사도는 또한 바울이 전적으로 교회의 유익을 위해 자신을 희생하고 내어줄 것임을 암시하는 직함이기도 하다. 그 권위는 교회 위해 군림하기 위한 직함이 아니라, 사도들이 큰 희생을 치르면서 그들을 섬기고 세워주기 위한 직함이다.

권위 있으면서도 필요한 존재

바울은 직임으로는 권위가 있었지만, 역할로는 종이었다. 그의 섬김은 자신을 소모시키는 일이었다.

"만일 너희 믿음의 제물과 섬김 위에 내가 나를 전제로 드릴지라도 나는 기뻐하고 너희 무리와 함께 기뻐하리니"(빌 2:17).

"내가 너희 영혼을 위하여 크게 기뻐하므로 재물을 사용하고 또 내 자신까지도 내어 주리니 너희를 더욱 사랑할수록 나는 사랑을 덜 받겠느냐"(고후 12:15).

"우리가 이같이 너희를 사모하여 하나님의 복음뿐 아니라 우리의 목숨까지도 너희에게 주기를 기뻐함은 너희가 우리의 사랑하는 자 됨이라"(살전 2:8).

"그러므로 내가 택함 받은 자들을 위하여 모든 것을 참음은 그들도 그리스도 예수 안에 있는 구원을 영원한 영광과 함께 받게 하려 함이라"(딤후 2:10).

다시 말하면, 그리스도는 타인의 필요를 채우게 하려고 자신의 사도들을 부르신 것이다. 사도의 초점은 타인이 그의 필요를 채우는 데 있는 것이 아니라, 그가 타인의 필요를 채우는 데 있는 것이다. 그의 권위는 타인을 세우기 위해서 주어진 것이지(고후 10:8; 13:10), 타인이 사도를 섬기도록 있는 것이 아니었다. 사도는 권위를 얻고 능력을 얻는 모든 일을 위하여 예수님을 의존한다. "내게 능력 주시는 자 안에서 내가 모든 것을 할 수 있느니라"(빌 4:13).

개인주의인가 상호의존인가?

아무 것도 돌려받지 않고, 계속해서 주고, 주고, 또 주기만 할 수 있는 그리스도 의존적인 사람을 보면, 존경할 무언가가 있는 듯이 보인다. 어떤 의미에서, 이는 그리스도를 더욱 위대한 분으로 보이게 한다. 그는 그의 종이 필요한 것을 공급하시는 자충족적인 분이시다.

하지만 이것이 그리스도께서 자신의 교회를 세워 가시는 방식은 아니다. 그리스도께서는 자신의 제자들이 다른 어떤 일반 사람도 필요하지 않고 모든 자원을 그리스도께만 받는 까탈스럽고 독립적인 사람이 되게 하시지 않았다. 그렇게 하는 것이 그리스도를 높이는 일처럼 들릴 수도 있겠지만, 사실 그렇지 않다. 여기 바울이 고린도 성도들에게 그리스도의 몸에서의 상호의존성에 대하여 가르친 것이 있다.

"그러나 이제 하나님이 그 원하시는 대로 지체를 각각 몸에 두셨으니 만일 다 한 지체뿐이면 몸은 어디냐 이제 지체는 많으나 몸은 하나라 눈이 손더러 내가 너를 쓸 데가 없다 하거나 또한 머리가 발더러 내가 너를 쓸 데가 없다 하지 못하리라 그뿐 아니라 더 약하게 보이는 몸의 지체가 도리어 요긴하고"(고전 12:18-22).

바울도 상호의존의 관계에 포함되었다

따라서 어떤 그리스도인도 다른 그리스도인에게 "난 당신이 필요치 않아요"라고 말할 수 없다. 여기에 바울도 포함된다. 사도들은 다른 사람만큼이나 몸의 한 일부이다. 그리스도께서는 몸의 머리가 되심으로 자기 자신을 영화롭게 하시기로 작정하셨다. 그 말은 그리스도는 최종결정을 내리는 중요한 지도자이며, 모든 것을 공급하시는 분이 되실 것이라는 뜻이다. 물론 직접 공급하지 않고 자기 몸의 지체들을 통해 자기 몸의 다른 지체들을 향하여 그 역할을 하실 것이다.

"오직 사랑 안에서 참된 것을 하여 범사에 그에게까지 자랄지라 그는 머리니 곧 그리스도라 그에게서 온 몸이 각 마디를 통하여 도움을 받음으로 연결되고 결합되어 각 지체의 분량대로 역사하여 그 몸을 자라게 하며 사랑 안에서 스스로 세우느니라"(엡 4:15-16).

권세와 권력과 존경을 한 몸에 받는 사람이 다른 사람에게는 은혜의 수단이 필요하다고 말하면서, 자신은 일상적인 은혜의 수단이 필요 없는 사람이라고 생각하는 장면을 상상하는 일은 참으로 쉬울 것이다. 하지만 바울은 그런 사람이 아니었다. 그는 다른 그리스도인들에게 자신의 필요를 표현하는 것을 부끄럽게 생각하지 않았다.

"내가 너희 보기를 간절히 원하는 것은 어떤 신령한 은사를 너희에게 나누어 주어 너희를 견고하게 하려 함이니, 이는 곧 내가 너희 가운데서 너희와 나의 믿음으로 말미암아 피차 안위함을 얻으려 함이라"(롬 1:11-12).

"이는 지나가는 길에 너희를 보고 먼저 너희와 사귐으로 얼마간 기쁨을 가진 후에 너희가 그리로 보내주기를 바람이라"(롬 15:24).

"형제들아 우리가 잠시 너희를 떠난 것은 얼굴이요 마음은 아니니 너희 얼굴 보기를 열정으로 더욱 힘썼노라. 그러므로 나 바울은 한번 두번 너희에게 가고자 하였으나 사탄이 우리를 막았도다 우리의 소망이나 기쁨이나 자랑의 면류관이 무엇이냐 그가 강림하실 때 우리 주 예수 앞에 너희가 아니냐 너희는 우리의 영광이요 기쁨이니라"(살전 2:17-20).

"내가 너희를 근심하게 한다면 내가 근심하게 한 자밖에 나를 기쁘게 할 자가 누구냐"(고후 2:2).

"네 눈물을 생각하여 너 보기를 원함은 내 기쁨이 가득하게 하려 함이니"(딤후 1:4).

한 사람의 위대함을 가늠할 수 있는 한 가지 기준이 있는데, 그가 자신이 설교한 대로 살고 있는지, 또한 그가 자기 자신을 생각할 때 다른 신자들과의 교제는 물론이고 모든 그리스도인들이 필요로 하는 일상적인 은혜의 수단이 자신에게는 필요 없다고 생각하지 않는지를 보면 알 수 있다.

바울은 자신의 권위나 능력이나 평판에 대해서 자랑하지 않았으며, 동시에 다른 신자들이 베풀어주는 그리스도의 격려가 자신에게도 필요하다는 사실을 기꺼이 인정하는 사람이었다. 자신이 한 명령에 대해 자기 자신이 더 엄격하게 순종하고 있다. 겸손하게 도움을 구하는 태도, 타인과 함께 기뻐하는 태도, 또 타인과의 우정과 동역의식은 더욱 그를 매력적인 사람이 되게 해주고 있다.

22장

중심이 꼿꼿하고, 무뚝뚝하지만 멋지게 긍정해주는 사람

바울은 자신의 교회를 다룰 때는 가장 온유한 애정을 표현할 수 있었다. 하지만 필요할 때는 전적으로 무뚝뚝하면서도 강력하게 말할 수 있는 능력도 잃지 않았다.

우리는 대부분 무뚝뚝한 사람들을 알고 있다. 때로 그들의 무뚝뚝함이 혹독함과 불친절로 전환되기도 한다. 만약 그런 일이 자주 일어난다면, 그들은 성격장애를 가진 사람이라고 느낄 것이다. 그들은 실망이나 분노 말고는 자기 감정을 표현할 줄 모르는 사람이기 때문이다. 그들은 무슨 일에 대해 긍정적인 말이나 칭찬 따위를 거의 하지 않는다. 그들은 어떤 놀라운 경험을 하고는 자기 자신을 잊은 채 그것에 완전히 매료되어야 할 수 있는 즉각적인 기쁨 같은 것을 거의 표현할 줄 모른다.

다른 한편으로, 우리는 늘 쾌활하고 항상 미소를 머금고, 칭찬을 잘하고, 항상 점잖고 친절한 사람을 알고 있다. 우리는 이런 사람을 보면서 놀란다. 이것은 멋진 태도이고 또 성경적인 태도로 보이기도 한다.

하지만 종종 우리는 그것이 적절하지 않다고 느끼기도 할 것이다. 이런 사람들은 다른 사람들이 그릇된 일을 할 때도 알아차리지 못한다. 이 사회의 불의나 악에 대해서도 주목하는 법이 없다. 그들은 다른 사람들이 난해한 도덕적인 이슈와 씨름하고 있을 때 침묵한다. 그들은 한 교인이 회개하지 않는 죄를 저질러서 교회가 징계의 문제를 다룰 때도 아무 의견도 제시하지 않는다. 그들은 반대하거나 바로잡거나 책망할 만한 능력이 전혀 없는 사람처럼 보인다.

한때는 우리가 아름다운 친절의 특징으로 보았던 것이 불안정한 사람의 치우친 특징으로 보이기 시작한다. 확신이나 도덕적인 중추(backbone)가 없는 사람의 특징 말이다.

그들은 갈등을 두려워한다. 모든 것이 매끈하고 긍정적이기만을 절박하게 요구한다. 늘 긍정적으로 보이기를 바라고, 비판을 받거나 거절을 당하는 것을 끔찍한 일로 생각한다.

우리는 점점 이런 미소띤 얼굴 뒤에는 건강하지 않은 무언가가 있다는 사실을 깨닫게 된다.

아낌없는 긍정, 직설적인 비판

우리가 타인에게서도 보고 싶고 우리 자신도 갖고 싶은 것이 온전함(wholeness)이다. 그것은 필요에 따라 무뚝뚝하고 단호하고 남의 잘못을 교정해줄 수도 있으면서도, 격려와 긍정과 친절이라는 평화로운 패턴도 가질 수 있는 것을 의미한다.

우리가 살면서 분노를 표현하는 것은 일반적인 일이고 또 예외적인 것도 아니다. 대부분의 사람들이 분노를 표현할 수 있다. 하지만 우리가 바라는 것은 눈에 띨만큼 현저한 친절이다. 그것은 감사와 존경, 희망적인 기대와 좋은 소식에 기뻐해주는 마음, 나쁜 소식에 대해 진심어린 공감과 눈물을 보여주는 태도와 같은 긍정적인 감정을 표현할 수 있는 능력이다.

바울은 아낌없이 칭찬하면서도 직설적으로 비판할 줄 아는 사람들 중 한 명이다. 가령, 고린도 교회는 문제가 많은 교회였다. 지도자들 문제와 교회의 징계와 이방의 우상에게 바쳐진 음식의 문제, 성만찬의 문제, 예배시 여성의 역할에 대한 문제, 그리고 영적인 은사를 사용하는 문제 등을 두고 갈등을 빚는 교회였다. 간단히 말해서, 고린도 교회는 바울의 골머리를 앓게 한 교회였다(고후 11:28). 하지만 그들에게 보낸 첫 번째 편지를 시작하면서 그가 한 말을 들어보라.

"그리스도 예수 안에서 너희에게 주신 하나님의 은혜로 말미암아 내가 너희를 위하여 항상 하나님께 감사하노니 이는 너희가 그 안에서 모든 일 곧 모든 언변과 모든 지식에 풍족하므로 그리스도의 증거가 너희 중에 견고하게 되어 너희가 모든 은사에 부족함이 없이 우리 주 예수 그리스도의 나타나심을 기다림이라 주께서 너희를 우리 주 예수 그리스도의 날에 책망할 것이 없는 자로 끝까지 견고하게 하시리라 너희를 불러 그의 아들 예수 그리스도 우리 주와 더불어 교제하게 하시는 하나님은 미쁘시도다"(고전 1:4-9).

바울은 그의 편지들에서 이런 감칠맛 나는 칭찬만 한 것은 아니었다. 우리는 모두 어떤 이들은 편지로는 친절하게 잘 말하면서도, 개인적으로 만나서는 감정적으로 서툰 사람들이 있음을 알고 있다. 바울은 편지를 쓸 때만큼이나 개인적으로 만났을 때도 감정적으로 따스하고 자신의 감정을 잘 표현하는 사람이었다. 예를 들면, 그는 데살로니가 교회를 향하여 이렇게 쓰고 있다.

"우리는 그리스도의 사도로서 마땅히 권위를 주장할 수 있으나 도리어 너희 가운데서 유순한 자가 되어 유모가 자기 자녀를 기름과 같이 하였으니 우리가 이같이 너희를 사모하여 하나님의 복음뿐 아니라 우리의 목숨까지도 너희에게 주기를 기뻐함은 너희가 우리의 사랑하는 자 됨이라"(살전 2:7-8).

그렇게 해야 할 때가 되면, 바울은 질책할 때 대단히 무뚝뚝하고 세게 말한다. 가령, 고린도전서에서 따스한 칭찬으로 편지를 시작하였지만, 후에 "내가 명하는 이 일에 너희를 칭찬하지 아니하나니 이는 너희의 모임이 유익이 못되고 도리어 해로움이라"(고전 11:17)라고 말하고 있다. 이는 분명하고 직접적이고 쌀쌀맞은 태도이다.

무뚝뚝하지만 간결하게 용서하는 태도

바울은 책망과 교정의 한계를 잘 알고 있는 사람이다. 그런 식의 처방은 간결해야 하고 가능하면 회복적이어야 한다.

그가 징계하도록 직접 요구한, 징계를 받은 형제에 관하여 그가 염려하는 말을 들어보라.

"이러한 사람은 많은 사람에게서 벌 받는 것이 마땅하도다 그런즉 너희는 차라리 그를 용서하고 위로할 것이니 그가 너무 많은 근심에 잠길까 두려워하노라 그러므로 너희를 권하노니 사랑을 그들에게 나타내라"(고후 2:6-8).

아름다운 장면 아닌가. 하지만 더 아름다운 것은 바울에게는 도덕적인 중추(backbone)가 있고, "나는 너희를 칭찬하지 않는다" "나는 너희를 인하여 하나님께 감사한다"라고 말할 수 있는 정서적인 능력이 있는 사람이기 때문이다. 이런 감칠맛나는 정서적인 세련됨이 내 마음에서 그를 향한 존경심을 이끌어내며, 이 대단한 사람을 사랑할 수밖에 없게 만든다.

23장

복음의 정확성을 향해서는 열정적이지만,
개인적인 반대를 하는 자들을 향해서는 신중한 사람

복음의 정확성을 추구하는 바울의 열정은 대단하였지만, 그릇된 동기로 참 복음을 전하는 이들과 때로 바울 자신에게 아픔을 주기 위해 그렇게 하는 자들을 향해서는 놀랄 만큼 인내심을 발휘하고 있다.

내가 바울에 관한 모든 것을 충분히 이해하고 있는 것은 아니다. 그를 향한 나의 주요 감정이 존경심이라는 것도 인정한다. 하지만 당황스러울 때도 있다. 여러분에게 그 이유를 설명하고자 한다.

분노와 당황

갈라디아서는 바울이 쓴 가장 혹독한 편지이다. 그는 갈라디아의 교인들 뿐 아니라 예루살렘으로부터 와서 다른 복음을 전하는 자들에게 대하여 몹시 분노하고 있는 듯 보인다. 그들은 그리스도를 높이는 것처럼 들리지만, 바울이 알기로는 죄인인 영혼을 구원할 수 없는 복음을 전하고 있었다. 신자들을 향해 바울은 분노하기보다는 당황스럽게 하고 있다.

"어리석도다 갈라디아 사람들아 예수 그리스도께서 십자가에 못 박히신 것이 너희 눈 앞에 밝히 보이거늘 누가 너희를 꾀더냐…너희가 이같이 많은 괴로움을 헛되이 받았느냐 과연 헛되냐…이제는 너희가 하나님을 알 뿐 아니라 더욱이 하나님이 아신 바 되었거늘 어찌하여 다시 약하고 천박한 초등학문으로 돌아가서 다시 그들에게 종 노릇 하려 하느냐 너희가 날과 달과 절기와 해를 삼가 지키니 내가 너희를 위하여 수고한 것이 헛될까 두려워하노라"(갈 3:1, 4; 4:9-11).

하지만 바울은 신자들을 그릇된 길로 인도하는 거짓 교사들을 향해서는, 당황하지 않고 분노하고 있다. 그는 의심할 바 없이 다음과 같이 말했을 것이다: "만약 이리가 양을 흩고 있다면, 당신은 그 양 떼가 아니라 이리 떼를 향해 분노할 것이다."

다음은 이 편지에서 가장 혹독한 부분 가운데 하나이다.

"그리스도의 은혜로 너희를 부르신 이를 이같이 속히 떠나 다른 복음을 따르는 것을 내가 이상하게 여기노라 다른 복음은 없나니 다만 어떤 사람들이 너희를 교란하여 그리스도의 복음을 변하게 하려 함이라 그러나 우리나 혹은 하늘로부터 온 천사라도 우리가 너희에게 전한 복음 외에 다른 복음을 전하면 저주를 받을지어다 우리가 전에 말하였거니와 내가 지금 다시 말하노니 만일 누구든지 너희가 받은 것 외에 다른 복음을 전하면 저주를 받을지어다"(갈 1:6-9).

바울은 종종 거짓 교사들을 향해 저주를 선포하기도 했다. 위의 구절은 가장 심하게 말한 부분이다. 복음이 없으면 사람들은 멸망할 것이다. 그런데 이 사람들은 그 복음을 훼손하고 있는 중이었다. 따라서 그들은 사람들이 멸망하도록 파괴하고 있는 중인 것이다. 바울은 만약 그들이 계속해서 그리스도의 복음을 왜곡한다면, 이런 일, 즉 멸망이 그들에게 임하게 될 것이라고 경고하고 있는 것이다.

사랑 없는 설교자들의 설교

이제 바울이 대적자들이 그리스도인들에게 설교하고 있는 다른 상황을 살펴보기로 하자. 그의 반응은 충격적일 만큼 다르다. 왜 그런가? 빌립보서를 쓰는 동안, 그는 로마 감옥에 있었다. 그는 자신의 수감마저도 하나님께서는 복음의 진전을 위해 사용하실 것이라고 성도들을 격려하고 싶어 했다. 그래서 그는 "형제 중 다수가 나의 매임으로 말미암아 주 안에서 신뢰함으로 겁 없이 하나님의 말씀을 더욱 담대히 전하게 되었느니라"(빌 1:14)라고 지적한 것이다. 여기까지는 좋다. 참으로 격려가 되는 말씀이다. 그런데 뒤이어 다음과 같이 덧붙이고 있다.

"어떤 이들은 투기와 분쟁으로, 어떤 이들은 착한 뜻으로 그리스도를 전파하나니 이들은 내가 복음을 변증하기 위하여 세우심을 받은 줄 알고 사랑으로 하나 그들은 나의 매임에 괴로움을 더하게 할 줄로 생각하여 순수하지 못하게 다툼으로 그리스도를 전파하느니라 그러면 무엇이냐 겉치레로 하나 참으로 하나 무슨 방도로 하든지 전파되는 것은 그리스도니 이로써 나는 기뻐하고 또한 기뻐하리라"(빌 1:15-18).

갈라디아에서 사람들은 다른 복음을 전하고 있다. 그들은 칭의가 그리스도에 기대어 믿음으로 받는 것이 아니라 율법 준수에 달려 있다고 주장하였다.

따라서 바울은 신자들의 영적 안전을 깊이 우려하여 거짓 교사들에게 저주를 선포한 것이다. 하지만 빌립보서에서 바울은 설교자들이 자신을 좋아하지 않고 자신이 감옥에서 더 비참한 지경이 되기를 바란다는 소식을 들었다. 하지만 바울은 그들을 저주하지 않고 "전파되는 것은 그리스도니 이로써 나는 기뻐하고 또한 기뻐하리라"라고 말하고 있다.

우리는 이것이 사적인 분노가 아님을 알고 있다. 빌립보의 상황은 실제로 개인적인 분노를 자아낼 상황이었지만, 바울은 그렇게 하지 않기로 했기 때문이다. 도리어 그는 기뻐하기로 하였다.

정확성은 높이되 자극하지 않았다

두 상황 간의 차이는 실제로 바울이 개인적인 반대에 쉽게 자극 받는 사람이 아니라 멋진 원칙주의자라는 것을 보여준다.

갈라디아의 거짓 교사들은 복음 자체를 왜곡하여 사람들을 망가뜨리고 있었다. 빌립보 교회의 반대자들은 바울이 전한 그 복음을 전하고 있었다(적어도 바울은 아무런 반대도 하지 않고 있다). 그들은 바울이 복음을 전할 수 없었기 때문에 복음을 전했으며, 바울을 불편하게 만들고 싶어서 였다.

하지만 바울은 이런 상황을 잘 다룰 수 있는 사람이었다. 그에게 중요한 것은 자기감정이 상하였는지 여부가 아니라 복음의 순수성이었다.

갈라디아서와 빌립보서에서 이런 식의 원칙적인 반응을 보고, 나는 내가 보고 있는 것을 좋아하게 되었다. 나도 복음의 정확성을 추구하고 싶은 열망이 생겼으며, 개인적인 자기 이해관계로부터 자유로운 사람이 되고 싶어졌다.

설교자보다 더 중요한 복음

나를 당황스럽게 한 것은 바울이 로마에 있는 설교자들의 죄악을 그냥 내버려두고 있다는 사실이었다. 그들이 설교하면서 복음을 왜곡하고 있는 것은 아니었다. 하지만 그들은 태도에 있어서 복음을 왜곡하고 있었다. 우리는 이 문제를 어떻게 보아야 하는가? 복음을 전할 때 행동이나 태도 역시 바르게 말하는 것만큼이나 중요하지 않은가? 갈라디아에서 베드로의 행동은 "복음의 진리를 따라 행하지 않는"(갈 2:14) 것이었다. 그리고 로마에서 사랑이 없는 설교자들의 태도 역시 복음의 진리를 따라 행하지 않는 것이었다.

이 질문에 대해 나는 두 가지 대답을 제안하고 싶다. 하나는 바울은 실제로 만약 복음의 메시지 자체가 그릇되었다면, 좋은 사람이라고 해도 그 설교자의 모든 말이 의문의 대상이 된다고 생각하고 있다. 바울은 도덕적으로 완벽한 하늘의 천사라도 부패한 복음으로는 단 한 영혼도 구원할 수 없다고 말하고 있다(갈 1:8).

다른 한편, 불친절하고 화도 잘 내고 성숙하지 못하지만, 하나님의 은혜의 복음을 진실하고 정확하게 전하는 설교자는 구원의 도구가 될 수 있다. 우리는 이것이 함의하는 바를 놓쳐서는 안 된다. 바울은 실제로 구원은 타락한 설교자보다는 타락한 복음에 의해서 더욱 철저하게 훼손된다고 생각하고 있다.

죄에 대한 통렬한 명료함

나의 두 번째 제안은 바울은 빌립보서에 나온 대적자들에게 바울이 무관심한 태도를 보이지 않았다는 점이다. 실제로 이 편지의 모든 문장은 그들의 이기심을 향한 책망이다. 예를 들어보자.

"아무 일에든지 다툼이나 허영으로 하지 말고 오직 겸손한 마음으로 각각 자기보다 남을 낫게 여기고 각각 자기 일을 돌볼뿐더러 또한 각각 다른 사람들의 일을 돌보아 나의 기쁨을 충만하게 하라"(빌 2:3-4).

이것이 이 편지를 쓴 전체적인 취지이다. 이는 바울이 빌립보서 1장에서 수감 중에 있는 자신을 더욱 고통스럽게 하려는 대적자들을 언급함으로써 그가 전략적인 결정을 내렸다는 것을 의미한다.

당장에는 그것이 초점이 아니기에 그들을 징벌하는 것을 중단하는 대신에, 바울은 인내와 은혜라는 더 높은 도덕적인 근거를 취한 후에 나중에 다시 돌아와서 대적자들의 주장이 얼마나 그릇된 것인지를 보여주는 방식을 취하고 있다. 이런 식으로, 그는 그들을 직접적으로가 아니라 간접적으로 책망함으로써 그들이 다시 돌아오게 하고 싶었던 것 같다.

까다로운 글쓰기, 목회적 지혜

갈라디아의 상황(갈라디아서의 저술 배경이 되는)과 로마의 상황(빌립보서의 저술 배경이 되는)을 다루는 바울의 방식에 대해 생각하면 생각할수록, 그것들은 점점 존경으로 바뀐다. 그는 복음의 정확성을 갈망하였으며, 복음을 사랑함과 겸손과 친절함에 깊은 관심을 가졌다. 이 두 상황에 임하는 바울만의 독특한 방식은 그의 비일관성의 증거가 아니라 목회적 지혜의 증거이다.

내가 바울을 사랑하는 이유는 부분적으로 거의 매번 그는 나를 당황스럽게 하였지만, 점점 더 깊이 숙고할수록 나에게 결단과 더 깊은 통찰을 얻게 해주기 때문이라는 것을 인정할 수밖에 없다.

그는 대단히 까다로운 사상가이며 저술가이다. 내가 종종 당황하기는 하지만 (적어도 처음에는) 이 점을 인정한다. 이제 은혜로운 목적을 위해 이 까다로운 마음을 조절하는 이 목회적 지혜를 추가하라. 이 모든 것을 빌립보서가 보여주고 있다. 내 마음은 감탄과 애정이 뒤섞여 있다. 그것이 바로 내가 바울을 사랑하는 이유이다.

24장

순응하는 카멜레온도,
군림하는 독불장군도 아닌 사람

바울이 비범한 비전(그리스도의 이름이 아직 불리지 않는 곳에 복음을 전하는 일)에 의해 이끌린 사람이지만, 그는 외로운 늑대 유형의 지도자는 아니었다. 그는 팀 사역을 믿었으며, 결코 혼자 여행을 하려고 하거나 기독교 공동체의 지원 없이 선교사역을 하려고 하지도 않았다.

현대 서구 사회(지난 300년 동안을 의미한다)에 사는 우리는 온갖 역경을 무릅쓰고 아무에도 전혀 도움을 받지 않은 채 위대한 업적을 이루어 낸 강하고 독립적이고 자충족적이며 자기 확신이 강한 영웅들을 사랑한다. 일부 성경의 미덕들은 영웅적인 삶의 직물에 짜여 들어가 있다. 하지만 대체로 그것은 바울이 격려하거나 모범으로 보여준 삶은 아니다.

둘씩 짝지어-팀의 원리

성경적으로 생각할 때조차도 우리 중 아무도, 독립적인 정체성이 전혀 없이 자기가 속한 집단의 기대에만 부응하면서 편의주의의 길을 가는 카멜레온을 존경하지 않는다. 혹은 동물의 이미지를 바꾸기 위하여 우리 중에 누구도 돌고래보다는 해파리처럼 보이는 사람에게 매료되지 않는다. 시류에 따라 부유한 채 중심 없이 악의 흐름을 거스르지 못하는 이들을 존경하지 않는다.

바울은 카멜레온이 아니었다. 카멜레온은 돌에 맞지 않고 채찍을 맞지도 않고 감옥에 갇히거나 순교하지도 않는다. 그들은 순응하는 자들이다. 그렇다고 바울은 독불장군도 아니었다. 그는 "제기랄, 너희들이 좋아하든 말든 난 스페인에 가고야 말거라고"라고 말하는 자유 영혼이 아니다.

바울의 선교사역을 연구해보면, 바울은 제자들을 선교여행에 보내면서 둘씩 짝지어 보냈던 예수님의 방식을 수용하고 있는 것을 볼 수 있을 것이다. 선교팀의 원리를 예수님이 승인하셨고 바울이 수용한 것이다. 예수님은 사도들을 둘씩 짝지어 보내셨다(막 6:7). 그가 그보다 더 많은 일꾼들을 보내실 때도 똑같은 방식으로 하셨다: "그 후에 주께서 따로 칠십 인을 세우사 친히 가시려는 각 동네와 각 지역으로 둘씩 앞서 보내시며"(눅 10:1). 그렇게 하심으로써 예수님은 세상을 하나씩 정복해나가는 두려움 없는 독불장군, 독립적인 독불장군의 비전은 격려하시지 않으셨다.

결코 홀로 하는 사역을 선택하지 않은 사람

바울의 서신이나 사도행전을 볼 때, 바울의 사역 전체에서 그는 늘 다른 사람들과 함께 여행하였고 사역하였다. 가령 바울과 실라와 디모데는 데살로니가에서 같이 사역했다. 사람들이 폭동을 일으켰을 때, 바울과 실라는 근처에 있는 도시 베뢰아로 떠났다. 하지만 문제를 일으켰던 그 당사자들이 거기까지 쫓아왔다. 위험이 심각할 정도로 심해지자, 바울은 바다를 건너 혼자서 아테네로 보내졌다(행 17:13-14).

하지만 사도행전의 저자 누가는 이런 떠남에 관한 바울의 반응을 매우 신중하게 기록하고 있다. "바울을 인도하는 사람들이 그를 데리고 아덴까지 이르러 그에게서 실라와 디모데를 자기에게로 속히 오게 하라는 명령을 받고 떠나니라"(행 17:15). 다시 말해서, 엄청난 압박을 받은 바울은 생명을 부지하려고 혼자 떠났지만, 이것이 그가 사역하는 방식은 아니었기 때문에, 그는 동역자들에게 얼른 도착하라고 명령하고 있는 것이다.

다른 예는 바울과 및 그와 오랫동안 함께 한 사역자 바나바가 자신들의 여정에 요한 마가를 데려가는 문제를 두고 이견이 생겼다. 1차 전도여행 때, 요한마가가 중간에 그들을 떠나버렸기 때문이다. 바울은 안 된다고 했고, 바나바는 데려가자고 하였다. 결국 누가는 아픈 일이지만 정직하게 이들 사이의 쟁론을 기술하고 있다.

"서로 심히 다투어 피차 갈라서니 바나바는 마가를 데리고 배 타고 구브로로 가고, 바울은 실라를 택한 후에 형제들에게 주의 은혜에 부탁함을 받고 떠나"(행 15:39-40).

다시 말해서, 논쟁이 일어나서 선교팀이 깨지기는 하였지만, 바나바나 바울 어느 쪽도 파트너 없이 자신들의 사역 자체를 중단할 의도는 없었다. 그들은 둘 다 팀을 형성하여 사역에 헌신하였다.

강한 돌고래들도 떼지어 헤엄친다

나는 까탈스러운 개인주의자들을 존경할 수밖에 없는 나 자신의 마음과 성향을 들여다보았을 때, 나는 이들 외로운 영웅들이 내가 존경해야만 하는 용기와 확신 같은 것을 드러내보이고 있다는 사실을 깨닫는다. 이런 용기와 확신이 없이는 성숙하고 열매 맺는 그리스도인들이 될 수 없다.

하지만 또한 나는 그들의 용기와 확신 그리고 문화로부터의 돌고래 같은 독립성을 존경하되, 그러면서도 그들이 다른 신자들과 긴밀한 친교를 나누었다는 사실을 깨닫는다. 죄악된 문화에 맞서는 데 필요한 까탈스러움이 다른 동료 신자들이 베푸는 격려를 수용할 만큼 온

유할 때, 더욱 아름다운 것이다. 바울은 내가 알고 있는 그 어떤 사람만큼이나 까탈스럽고 용기 있고 강한 사람이다. 하지만 그가 다른 동료들 중 한 명인 디도로부터 격려를 받고 있는 것을 보라.

"우리가 마게도냐에 이르렀을 때에도 우리 육체가 편하지 못하였고 사방으로 환난을 당하여 밖으로는 다툼이요 안으로는 두려움이었노라 그러나 낙심한 자들을 위로하시는 하나님이 디도가 옴으로 우리를 위로하셨으니"(고후 7:5-6).

온갖 어려움 앞에서도 굴하지 않고, 즐겁게 자신의 동료로부터 받은 위로를 자랑하고 있는 위대한 사도를 보면서, 그의 강함에 대한 존경이 줄어든 것이 아니라 오히려 늘어났다. 하나님께서는 우리를 상호 의존적인 존재로 지으셨다. 예수님은 둘씩 짝지어 자신의 선교를 만드셨다. 바울은 그대로 살았다. 그것이 내가 그를 약한 사람이 아니라 더욱 위대한 사람으로 보는 이유다.

내가 바울을
사랑하는
30가지 이유

6부

자기보다 남을 낮게 여기다

25장

잃어버린 자를 향하여 눈물을 흘리며, 하나님의 주권을 사랑하는 사람

바울에게는 구원에 있어서 하나님의 구원에 대한 비교할 수 없는 높은 관점(high view)과 구원을 받지 못한 자들을 향한 마음에서 우러나오는 눈물이 섞여 있었다.

세상의 많은 종교인들은 하나님이 모든 것을 다스리시는 절대 주권자라고 믿는다. 하나님께서 역사의 모든 과정을 통제하며 각 개인의 삶을 주관한다고 믿는 것이다. 대부분의 무슬림들도 이것을 믿으며, 그리스도인들도 마찬가지다.

특히 그리스도인들은 예수 그리스도를 믿지 않는 자들에게는 결코 구원이 없다고 믿으며, 그와 동시에 그들을 향한 긍휼의 마음을 갖는다.

하지만 실제로 하나님의 주권과 구원 받지 못한 자들을 향한 긍휼의 마음을 모두 품고 있는 사람을 만나는 일은 흔치 않다. 그것도 한 영혼 안에서 심오하게 그리고 진정성 있게 그런 생각을 둘 다 품기는 어렵다.

그러나 바울은 이 두 가지를 모두 소유하고 있었다. 바울은 모든 역사적인 사건들과 개인의 삶을 하나님께서 다스리신다는 사실을 받아들였고, 또 표현하였다. 또한 그는 긍휼과 열망을 갖고 잃어버린(멸망에 빠진) 세상을 끌어안았다.

하나님은 인간의 행위를 주관하시는 분이다

로마서 9:15-18에서 바울은 모든 인간의 의지를 주관하는 하나님의 절대 주권에 대해서 개관하고 있다.

"모세에게 이르시되 내가 긍휼히 여길 자를 긍휼히 여기고 불쌍히 여길 자를 불쌍히 여기리라 하셨으니(출 33:19 인용) 그런즉 원하는 자로 말미암음도 아니요 달음박질하는 자로 말미암음도 아니요 오직 긍휼히 여기시는 하나님으로 말미암음이니라. 성경이 바로에게 이르시되 내가 이 일을 위하여 너를 세웠으니 곧 너로 말미암아 내 능력을 보이고 내 이름이 온 땅에 전파되게 하려 함이라 하셨으니(출 9:16 인용), 그런즉 하나님께서 하고자 하시는 자를 긍휼히 여기시고 하고자 하시는 자를 완악하게 하시느니라."

바울은 에베소서 1:11에서도 하나님의 주권에 대한 표현을 하고 있다: "모든 일을 그의 뜻의 결정대로 일하시는 이의 계획을 따라 우리가 예정을 입어 그 안에서 기업이 되었으니."

그는 또한 로마서 11:36에서 가장 포괄적인 진술을 제시하고 있다: "이는 만물이 주에게서 나오고 주로 말미암고 주에게로 돌아감이라 그에게 영광이 세세에 있을지어다 아멘."

바울은 우리가 모두 영적으로 죽었고 우리의 죄 안에서 눈이 멀었으며, 능하신 하나님께서 우리 안에서 새로운 빛과 생명을 창조하시는 것만이 우리의 소망이라는 것을 알고 있었다(고후 4:6; 엡 2:5). 인간 대리자는 우리의 회개 과정에서 중요한 역할을 감당한다. 하지만 하나님의 주권적인 은혜가 결정적으로 필요하다: "나는 심었고 아볼로는 물을 주었으되 오직 하나님께서 자라나게 하셨나니"(고전 3:6).

바울의 위대한 씨뿌리기

어떤 이들은 구원 사역에 임하는 하나님의 주권에 관한 소식이 잃어버린 자를 향한 자신들의 긍휼을 아무 것도 아닌 것으로 만드는 것처럼 보기도 한다. 정말 그런 일이 일어난다면, 무언가 심각하게 잘못된 것이다. 우리는 그 생각에 문제가 있다는 것을 안다. 바울에게는 정반대의 일이 벌어졌기 때문이다. 가장 심각한 죄인들을 구원하시는 하나님의 주권적인 은혜에 대한 바울의 확신은 멸망해가는 죄인들을 향한 그의 열정적인 관심을 강화시켜주었다.

"내가 그리스도 안에서 참말을 하고 거짓말을 아니하노라 나에게 큰 근심이 있는 것과 마음에 그치지 않는 고통이 있는 것을 내 양심이 성령 안에서 나와 더불어 증언하노니 (1절에 포함됨) 나의 형제 곧 골육의 친척을 위하여 내 자신이 저주를 받아 그리스도에게서 끊어질지라도 원하는 바로라"(롬 9:1-3).

바울의 마음에 "큰 근심"과 "고통"이 있었을 뿐 아니라, 그의 입술에서는 기도가 흘러나왔다. 바울에게 하나님의 주권은 죄인들의 노력을 무의미한 것으로 만들지 않았다. 도리어 그런 시도를 희망적인 것으로 만들어주었다.

사람 안에 있는 그 무엇도, 아무리 심각한 죄인들이라도, 하나님의 주권적인 구원을 무효로 만들 수 없다: "형제들아 내 마음에 원하는 바와 하나님께 구하는 바는 이스라엘을 위함이니 곧 그들로 구원을 받게 함이라"(롬 10:1).

그의 마음 속에 있는 긍휼이 그의 기도 안에 흘러나왔는데, 왜냐하면 하나님의 주권적인 능력이 자기 자신의 구원을 거슬러 죄인들이 쌓아올린 온갖 장애물 극복할 수 있었음을 바울은 알았기 때문이다.

"그가 근심케 하였으나 그는 긍휼히 여기실 것이다"

나는 하나님의 주권을 사랑한다. 나는 시편기자들이 하나님의 비할 수 없는 능력을 찬양하는 시인들의 찬양에 동참하기를 좋아한다: "여호와여 주의 능력으로 높임을 받으소서 우리가 주의 권능을 노래하고 찬송하게 하소서"(시 21:13).

나는 또한 시인들이 "내가 주의 권능과 영광을 보기 위하여 이와 같이 성소에서 주를 바라보았나이다"(63:2)라고 노래할 때, 하나님의 집에서 시인과 함께 하는 것을 좋아한다.

나이가 들수록, 나는 점점 시인들의 말을 나의 유산에 포함시키고 있다: "하나님이여 내가 늙어 백발이 될 때에도 나를 버리지 마시며 내가 주의 힘을 후대에 전하고 주의 능력을 장래의 모든 사람에게 전하기까지 나를 버리지 마소서"(시 71:18).

나는 하나님의 긍휼을 사랑한다. 하나님의 긍휼이 없었다면 나는 결코 구원을 받을 수 없었을 것이다. 나는 성경 전체에 걸쳐서 등장하는 후렴구인 하나님께서 심판 중에서도 자비를 베푸신다는 말을 좋아한다(합 3:2). 인간의 마음의 반역에 관한 현실주의 때문에 성경이 가장 냉혹한 책이 될 수 있었는데 그렇게 되지 못하게 한 것은, 하나님의 그 깊이를 헤아릴 수 없는 인내이다: "오직 하나님은 긍휼하시므로 죄악을 덮어 주시어 멸망시키지 아니하시고 그의 진노를 여러 번 돌이키시며 그의 모든 분을 다 쏟아 내지 아니하셨으니"(시 78:38).

나는 시편 103편을 가장 좋아하는데, 거기에는 희망이 가득 담겨 있기 때문이다. 그 희망은 하나님의 긍휼에 그 뿌리를 두고 있다: "아버지가 자식을 긍휼히 여김 같이 여호와께서는 자기를 경외하는 자를 긍휼히 여기시나니"(시 103:13).

우리는 거듭 거듭 반복하여 기쁨 가득한 찬양소리를 듣는다: "여호와께서 자기 백성을 판단하시며 그의 종들로 말미암아 위로를 받으시리로다"(시 135:14). "내가 잠시 너를 버렸으나 큰 긍휼로 너를 모을 것이요"(사 54:7).

하지만 무엇보다 나를 전율하게 하는 것은 하나님의 주권과 하나님의 긍휼이 정의와 자비라는 하나의 영광스러운 직물 안에서 서로 직조되어 있는 것을 볼 때이다. 이런 직조된 장면 가운데 가장 아름다우면서도 고통스러운 진술을 우리는 애가 3:31-33에서 볼 수 있다. 하나님께서는 자신의 도성, 예루살렘에 끔찍한 심판을 가져오셨다. 아무도 이 통탄할만한 사건이 하나님의 주권적인 손에서 왔음을 의심할 수 없었다. 하지만 예레미야는 하나님의 주권과 긍휼을 다음의 놀라운 말들로 서로 엮고 있다.

"이는 주께서 영원하도록 버리지 아니하실 것임이며
그가 비록 근심하게 하시나
그의 풍부한 인자하심에 따라 긍휼히 여기실 것임이라
주께서 인생으로 고생하게 하시며

근심하게 하심은 본심이 아니시로다."

그는 근심하게 하셨지만, 긍휼을 베푸실 것이다.

바울은 신비를 붙잡고 있었다

바울은 이런 구약성경의 가르침에 깊이 젖어 있었다. 이것이 그가 맛본 하나님의 강한 맛이었다. 하나님은 주권자이시며, "모든 일을 그의 뜻의 결정대로 일하시는 이의 계획을 따라"(엡 1:11) 행하시는 분이다. 하나님은 자비하시며 긍휼이 많으신 분이다. 우리는 가망 없고 죄로 가득하며 우리의 죄에 책임이 있는 죄인들이다. 만약 하나님께서 긍휼이 풍성하신 분이 아니었다면, 그는 우리를 구원하고 싶어하지 않으셨을 것이다. 만약 하나님께서 주권을 가진 분이 아니셨다면, 그는 우리를 구원하실 수 없었을 것이다. 하지만 하나님은 둘 다 갖고 계신다. 그리고 예수님 때문에 우리는 구원을 받는다.

하나님의 주권과 인간의 책임이 어떻게 조화를 이룰 수 있는 지를 논리적으로 잘 설명하는 것도 중요하다. 하지만 그것보다 더 중요한 것이 있다. 그것은 바로 마음이다.

바울은 우리를 구원하시는 하나님의 주권을 소중하게 생각하며, 그 주권을 거절하는 이들을 위하여 눈물을 흘렸다. 바울은 이 신비를 보았고 또 살았다. 이 복잡한 위대함을 묵상하면서, 그는 마음이 부서질

만큼 그의 마음이 좁거나 상처를 받지 않았다. 그것이 내가 바로 바울을 사랑하는 이유이다.

26장

기뻐하는 하나님의 사도와
기뻐하는 사도의 고난을 동시에 지니고 있던 사람

놀라운 방식으로 바울은 자신의 삶이 자신의 교회들에게 가치가 있기를 소망하는 가운데, 두 번이나 자신의 삶의 목표가 그들의 기쁨이라고 말하였다. 그는 그리스도 안에서 가장 깊고 가장 오래도록 지속되는 기쁨을 발견하였으며, 다른 이들도 그러기를 바랐다.

우리는 가장 위대한 지성을 가진 사람들과 가장 논리적으로 왕성한 신학을 겸비한 사람들, 그리고 가장 신중하게 단어를 선택하여 편지를 쓰는 사람들에게, 동시에 넘치는 기쁨이 있을 것이라고 생각하는 데 익숙하지 않다.

기쁨이 그들의 철학의 정수이며, 그들의 애정의 극치일 것이라고는 거의 기대하지 않을 것이다.

바울, 지극히 행복하신 하나님의 사도

하지만 바울은 그런 일반적인 기대를 깨뜨린다. 바울은 위대한 지성인이다.

그의 신학은 논리로 충만하다. 그의 글은 신중하다. 그는 기쁨이 넘치는 사람일 뿐만 아니라, 그 기쁨은 그의 하나님의 생명과 우리 자신의 생명에 대한 이해의 정수이기도 하다.

예수님은 하나님을 탕자 아들이 집에 돌아왔을 때 그를 위해 잔치를 배설하는 탕자의 아버지로 묘사하셨다(눅 15:22-24). 또 예수님은 자기 자신을 심판 날에 "주인의 즐거움에 참여할지니라"(마 25:21)이라고 말하면서 종을 집으로 환영하는 주인으로 묘사하고 있다.

이제 바울은 기독교 복음을 "행복한(저자의 번역) 하나님의 영광의 복음"(the Gospel of the glory of the happy God)이라고 묘사하고 있다(딤전 1:11). 그는 하나님을 위한 송영을 부르는데, 거기서 "하나님은 행복하시며(나의 번역) 유일하신 주권자이시며 만왕의 왕이시며 만주의 주시요"(딤전 6:15)라는 말을 하고 있다.

여기서 "행복하다"(happy)는 대개 "복되다"(blessed)로 번역하지만, 그 의미는 "찬송을 받으시다"라는 의미에서 복되다는 뜻이 아니라, "행복하다" "만족하다"라는 의미에서 복되다는 뜻이다.

삼위일체적 기쁨

바울은 우울한 하나님이 중심이 되시는 것은 고사하고 모두를 만족케 하시는 소식의 원천이 되실 수 없다는 것을 알고 있었다. 만약 천사가 말한 대로(눅 2:10), 예수님이 "큰 기쁨의 좋은 소식"을 갖고 이 세상에 오셨다면, 하나님은 우울한 하나님이 아니라 넘치는 기쁨의 하나님이셔야 한다. 이는 그가 보내신 아들이 "내가 이것을 너희에게 이름은 내 기쁨이 너희 안에 있어 너희 기쁨을 충만하게 하려 함이라"라고 말씀하실 수 있었던 이유이다(요 15:11; 17:13도 보라). 기쁨은 하나님으로부터 기원한다. 기쁨은 그의 아들 예수님을 통해서 온다. 그것은 성령의 열매이다. 성령의 능력으로 그리고 아버지 하나님의 영광을 위하여 예수님을 구주와 보화로 영접한 사람들은 삼위일체적 기쁨으로 들어가는 것이다. 이것이 기쁨을 바울의 하나님의 생명과 우리의 생명 이해의 정수라고 부를 때 의미한 바다.

기쁨을 퍼뜨리기 전에 먼저 그 맛을 보다

바울은 기쁨을 퍼뜨리기 전에 하나님 안에서 그 기쁨을 경험하였다. 그는 태양이 떠오를 때만 기쁨이 오는 것처럼, 기쁨을 간헐적으로 경험한 것이 아니었다.

바울의 기쁨은 슬픔과 고난 속에서도 조금도 굴하지 않는 기쁨이었다. 그는 "또한 그로 말미암아 우리가 믿음으로 서 있는 이 은혜에 들어감을 얻었으며 하나님의 영광을 바라고 즐거워하느니라 다만 이뿐 아니라 우리가 환난 중에도 즐거워하나니 이는 환난은 인내를…그뿐 아니라 이제 우리로 화목하게 하신 우리 주 예수 그리스도로 말미암아 하나님 안에서 또한 즐거워하느니라"(롬 5:2-3, 11)라고 말하고 있다.

그는 "근심하는 자 같으나 항상 기뻐하였으며"(고후 6:10), "우리의 모든 환난 가운데서도 기쁨이 넘쳤다"(고후 7:4). "도리어 크게 기뻐함으로 나의 여러 약한 것들에 대하여 자랑하리니 이는 그리스도의 능력이 내게 머물게 하려 함이라"(고후 12:9).

기뻐하라는 모든 권면의 기저에, 그리고 그 기초로서, 기쁨은 인간적인 성취가 아니라 "성령의 열매"라고 바울은 가르쳤다(갈 5:22). 기쁨은 누군가의 삶을 향한 하나님의 통치의 결과이다(롬 14:17). 기쁨은 사랑의 일부이며, 가장 위대한 사랑의 선물이다: "사랑은 진리와 함께 기뻐한다"(고전 13:6).

그분은 "믿음의 기쁨"을 위해 이 땅에 계신다

이것을 근거로, 바울은 타인의 기쁨을 추구하였다. 이것이 그의 선포의 가장 큰 목표들 가운데 하나였다. 그는 사람들이 이 세상에서 자신들의 궁극의 기쁨을 추구하지 않고 자신처럼 그리스도 안에서 추구하기를 바랐다. 두 번에 걸쳐 자신의 사역의 목표는 교회들의 기쁨이라고 말하고 있다.

빌립보서 1장 23-26절에서 바울은 자신이 죽어서 예수님과 함께 함으로써 궁극의 기쁨을 누릴까, 아니면 빌립보 교회의 기쁨을 위하여 이 땅에 계속 머무르는 게 더 나을지를 생각한다. 그는 "내가 살 것과 너희 믿음의 진보와 기쁨을 위하여 너희 무리와 함께 거할 이것을 확실히 아노니 내가 다시 너희와 같이 있음으로 그리스도 예수 안에서 너희 자랑이 나로 말미암아 풍성하게 하려 함이라"(빌 1:25-26)라고 대답한다.

이는 "만약 내가 이 땅에 머문다면, 그 이유는 너희들의 믿음의 기쁨이 될 것이다"라는 뜻이다. 이것이 바울이 사는 이유였다: 자기 백성들이 그리스도 안에서 누리는 기쁨, 그것은 그들이 그리스도 예수 안에서 누리는 영광(혹은 자랑과 환희)의 일부요 꾸러미이다.

그리스도를 만끽하고 그리스도 안에서 영광을 누리는 것이 별개는 아니다. 둘 중 하나만 없어도 안 된다. 그리스도 안에 있는 따분한 자랑과 그리스도 안에 있는 슬픈 환희는 모순어법이다. 기쁨은 본질적으로 그리스도를 중요시한다.

따라서 바울이 그리스도 안에서 자기 백성의 기쁨을 위해 살 때, 그는 그리스도의 영광을 위해서 살고 있는 것이 된다. 이것이 그가 빌립보서 1:21에서 "내게 사는 것이 그리스도이다"라고 말할 때 의미한 바이다.

그들의 기쁨을 위해 군림하지 않고 동행하신다

다시 한 번 바울은 고린도 성도들에게 아주 단순하게 "우리가 너희 믿음을 주관하려는 것이 아니요 오직 너희 기쁨을 돕는 자가 되려 함이니"(고후 1:24)라고 말한다.

사도가 그렇게 말하고 있다는 사실이 놀랍지 않은가? 그는 다른 예수님의 사도들과 더불어 이 땅의 교회에서 가장 큰 권세를 가진 자였다. 고린도 교인들에게 자신의 삶의 목표를 말하는 방식이 수없이 많았을 것인데, 그는 무엇이라고 말하고 있는가? 그는 부정적으로 표현하는데, 자신은 그들을 주관하려고 하지 않는다고 말한다.

그러고 나서 그는 두 가지를 긍정적으로 말한다: "우리는 너희와 함께 한다" 주관하는 것이 아니라 함께 한다는 것이다. 그러고 나서 "우리는 너희 기쁨을 위하여 한다"고 말했다. 바울은 자신의 사역 목표를 "너희 기쁨"이라고 요약하는 것을 부끄러워하지 않았다.

왜 그렇게 될 수 있는가? 그 이유는 그리스도 안에 있는 기쁨이 세상에서 그리스도인들이 추구해야 할 것들의 핵심이기 때문이다.

그것은 우리 추구해야 할 것의 전체가 아니라 핵심(essence)이다. 기독교는 열등한 대상을 향한 열등한 기쁨을 하나님 자신 안에 있는 탁월한 기쁨으로 대체하시는 하나님의 계획이다.

이것이 그리스도께서 이 땅에 오셔서 돌아가신 이유이다. 그는 우리와 하나님 사이에 있는 모든 장애물들(하나님의 진노와 우리의 죄와 같은)을 제거하여, 우리가 바울처럼 "우리는 하나님 안에서 기뻐합니다"(롬 5:11)라고 말할 수 있게 하신다.

믿음, 소망, 사랑은 늘 있지만

어떤 이가 이렇게 물은 적이 있다: "기쁨이 핵심이라면, 왜 바울은 그 유명한 말인 '그런즉 믿음, 소망, 사랑, 이 세 가지는 항상 있을 것인데 그 중의 제일은 사랑이라'(고전 13:13)라고 말하고, 기쁨은 언급하지 않았을까요?"

나는 기쁨은 믿음과 소망과 사랑에 있어서 없어서는 안 될 핵심적인 것이기 때문에 굳이 언급할 필요가 없다고 대답하였다. 만약 당신이 믿음과 소망과 사랑을 제쳐두고 기쁨만을 핵심요소로 취한다면, 당신은 믿음과 소망과 사랑을 가지고 있는 것이 아니다. 믿음은 신뢰할 수 있고 값진 그리스도를 기쁘게(satisfying) 영접하는 것이요, 소망은 장래의 상을 즐겁게(satisfying) 미리 맛보는 것이요, 사랑은 타인의 필요(특별히 영원한 기쁨의 필요)를 채워주는, 하나님 안에서의 넘쳐흐르는 기쁨이기 때문이다.

내가 사랑하는 한 사람에게 사랑을 배우다

내가 바울을 사랑하는 이유는 그의 기쁨이 그의 모든 고난을 통해서

굳게 된 기쁨이기 때문일 뿐만 아니라, 그가 자신의 전 사역을 자신이 그리스도를 알았을 때 경험했던 기쁨을 성도들에게 가져오기 위한 계획이었음을 보았기 때문이다.

실제로 바울은 자신이 어떤 대가를 치르더라도 사람들에게 하나님 안에 있는 기쁨을 주는 것을 사랑이라고 이해한 사람이다. 그러므로 그는 "너희 모두에 대한 나의 기쁨이 너희 모두의 기쁨인 줄 확신함이로라…내가 너희를 향하여 넘치는 사랑이 있음을 너희로 알게 하려 함이라"(고후 2:3-4)라고 쓰고 있는 것이다. 사랑은 당신이 생명을 잃는 대가를 치르는 한이 있더라도 타인으로 하여금 당신이 경험한 하나님 안에 있는 기쁨을 누리게 해주려는 추구를 기쁘게 수용하는 것을 의미한다.

예수님 이후로 다른 누구보다도 사랑이 무엇인가에 관해 내게 가장 많이 보여준 사람을 사랑하는 것이 놀라운 일이라고 할 수 있을까? 그를 사랑하고 그처럼 사랑하기를 배우는 것이 행복한 일이라는 것이 놀라운 말이 될 수 있을까?

27장

불완전함을 인정하고, 사랑을 위한 불완전함으로 전환하는 사람

바울은 자신이 완전하지 않다는 것을 안다. 자신의 허물을 숨기기보다는 다른 이들의 거룩함과 기쁨을 위해 싸우도록 돕는 기회로 삼았다.

우리가 가장 존경하는 사람들은 의기 양양한 사람들이 아니다. 그들은 실제 자신보다 더 나아보이도록 가장하는 일을 못한다. 그들은 잘못한 일이 있으면 곧장 인정한다. 우리는 꾸미고 가장하고 가면을 쓴 사람들을 좋아하지 않는다. 우리는 실재를 좋아한다. 불완전하지만 자신의 허물에 대해 정직한 사람들이, 많은 성취를 이루었지만 자기 허물은 인정하지 않는 사람들보다 더 호감이 가고 더 믿음이 간다.

바울은 그리스도 예수님의 사도로서 엘리트 그룹에 속한다. 그는 자신이 계약을 성사시킨 사람이 아니다. 그는 자신이 태어나기도 전에 하나님께서 어떤 일을 위해서 자신을 선택하셨다고 말한다: "내 어머니의 태로부터 나를 택정하시고 그의 은혜로 나를 부르신 이가"(갈 1:15). 사도가 된다는 것은 그가 부활하신 그리스도 예수를 보았으며, 그에 의해 그의 권세를 가지고 그를 대신하여 전하도록 사명을 받은 사람이라는 뜻이다. 이것이 그의 글이 그리스도인들에게 권위를 갖는 이유이다.

이생에서는 완전한 기독교적 삶은 없다

하지만 초대교회에 그같은 특권적인 역할을 맡고 있었음에도 불구하고, 바울은 자신의 연약함이나 죄를 숨기는 방식으로 자신의 지위를 끌어올리려고 하지 않았다. 그는 그리스도인이 된다는 것은 이 세상에서 죄 없는 완벽한 사람이 된다는 의미가 아님을 알고 있었고 또 가르쳤다. 분명 그리스도인이 된다는 것은 사람들이 실제로 하나님의 성령에 의해서 변화될 것이라는 것을 의미한다(고후 3:18). 하나님께서는 자기 백성을 죄책으로부터 구원하실 뿐만 아니라 죄의 권세로부터도 구원하신다. 하지만 이 구원에는 단계가 있다.

첫째, 이 세상에서 하나님께서는 자기 백성을 영적인 흑암에서 구원하셔서(고후 4:4-6), 그들이 회개하고 믿게 하시고(딤후 2:25; 빌 1:29), 예수님과 하나가 되게 하시며(롬 6:5), 그들을 그리스도의 의와 완전한 순종을 가진 자로 간주하신다(롬 5:19). 그리고 그들에게 성령의 선물과 영생의 선물을 주시며(롬 8:9; 6:23), 그들을 예수님 닮은 백성으로 만드는 과정을 시작하시되, 한 단계의 영광에서 다음 단계의 영광으로 변화시켜나가신다(고후 3:18). 하지만 이 과정은 그리스도인들이 하늘나라에 가거나 예수님께서 오시기 전에는 결코 완성되지 않는다.

따라서 바울의 목표는 언젠가 그리스도와 함께 있는 것이지만, 그는 아직은 자신이 거기에 있지 않으며, 따라서 온전하지도 않다는 사실을 인정한다. "어떻게 해서든지 죽은 자 가운데서 부활에 이르려 하노니 내가 이미 얻었다 함도 아니요 온전히 이루었다 함도 아니라 오직 내가 그리스도 예수께 잡힌 바 된 그것을 잡으려고 달려가노라"(빌 3:11-12).

바울은 그리스도께서 영생을 위해 자신을 붙잡고 계신다는 사실을 알고 있다. 하지만 그는 아직은 그 여정의 끝에 이르지 않았음을 알고 있었다. 그 여정은 죄와의 끝임없는 싸움의 여정이었다. 이것이 그가 젊은 친구 디모데에게 다음과 같이 편지를 쓴 이유이다.

"믿음의 선한 싸움을 싸우라 영생을 취하라 이를 위하여 네가 부르심을 받았고 많은 증인 앞에서 선한 증언을 하였도다"(딤전 6:12).

바울은 이 세대 전체가 불완전하고 미완성이라는 것을 알고 있었다. 그는 가장 유명한 장(章) 가운데 한 곳에서 그것을 다음과 같이 묘사하

고 있다:

"우리는 부분적으로 알고 부분적으로 예언하니 온전한 것이 올 때에는 부분적으로 하던 것이 폐하리라…우리가 지금은 거울로 보는 것 같이 희미하나 그 때에는 얼굴과 얼굴을 대하여 볼 것이요 지금은 내가 부분적으로 아나 그 때에는 주께서 나를 아신 것 같이 내가 온전히 알리라"(고전 13:9-10, 12).

바울의 가장 놀라운 고백

바울이 자신의 불완전함과 내적 씨름에 관해 고백한 가장 유명한 말이 로마서 7장에 나온다.

"내가 행하는 것을 내가 알지 못하노니 곧 내가 원하는 것은 행하지 아니하고 도리어 미워하는 것을 행함이라…내 속 곧 내 육신에 선한 것이 거하지 아니하는 줄을 아노니 원함은 내게 있으나 선을 행하는 것은 없노라…내 속사람으로는 하나님의 법을 즐거워하되 내 지체 속에서 한 다른 법이 내 마음의 법과 싸워 내 지체 속에 있는 죄의 법으로 나를 사로잡는 것을 보는도다 오호라 나는 곤고한 사람이로다 이 사망의 몸에서 누가 나를 건져내랴 우리 주 예수 그리스도로 말미암아 하나님께 감사하리로다 그런즉 내 자신이 마음으로는 하나님의 법을 육신으로는 죄의 법을 섬기노라"(롬 7:15, 18, 22-25).

하나님께서는 바울 안에 굉장한 구원 역사를 행하셨다. 바울은 자신의 주인, 예수 그리스도를 향한 논박할 수 없는 사랑과 자기 부인의 고난을 보여주었다. 하지만 하나님께서는 아직 그를 온전케 하신 것은 아니었다.

왜 바울은 천천히 구원을 받았는가?

우리는 왜 하나님께서 바울(그리고 남은 우리가)이 유혹을 이기기 위해 씨름하도록 허락하셨는지에 대해서 얼핏 볼 수 있다. 바울이 사도가 되기 전에 그가 하나님에 의해 선택받았다는 사실을 기억하라(갈 1:15). 하나님께서는 언젠가 자신이 바울의 삶에 거부할 수 없는 힘으로 개입하여 그를 자신의 사도로 부르실 것을 알고 계셨다. 그럼에도 불구하고 하나님은 바울이 악한 살인자와 자신의 아들과 그의 교회를 핍박하는 자가 되도록 허락하셨다(행 9:1-2).

왜 그러셨는가? 나는 이 질문에 대한 대답이 왜 하나님께서 바울이 계속해서 죄와 씨름하도록 허락하시는가 하는 질문에 대한 대답과 같다고 생각한다. 바울은 다음과 같이 대답한다.

"내가 전에는 비방자요 박해자요 폭행자였으나 도리어 긍휼을 입은 것은 내가 믿지 아니할 때에 알지 못하고 행하였음이라…미쁘다 모든 사람이 받을 만한 이 말이여 그리스도 예수께서 죄인을 구원하시려고 세상에 임하셨다 하였도다 죄인 중에 내가 괴수니라 그러나 내가 긍휼을 입은 까닭은 예수 그리스도께서 내게 먼저 일체 오래 참으심을 보이사 후에 주를 믿어 영생 얻는 자들에게 본이 되게 하려 하심이라"(딤전 1:13, 15-16).

바울은 하나님께서 그가 행한 방식대로 바울 자신을 구원하셨다고 믿었으며, 하나님께서 그렇게 하실 때, 자신은 구원 받기에는 너무 죄가 크다고 생각하여 절망하는 자들이 희망을 가질 수 있었을 것이다. 하나님은 가장 악한 죄인(신성모독자요, 박해자요, 무례한 대적자)에게 자비를 베푸셨다.

바울은 왜 하나님께서 자신이 아주 멀리 떠났는데도 자신을 구원하셨는지를 분명히 밝힌다: "먼저 일체 오래 참으심을 보이사 후에 주를 믿어 영생 얻는 자들에게 본이 되게 하려 하심이라" 그는 여러분을 위해, 그리고 나를 위해 바울을 이런 식으로 구원하신 것이다.

하나님께서 우리에게 오래 참지 않으셨다면, 우리는 가망이 없는 존재이다. 하지만 우리는 온전하지 않지만 거룩함을 추구할 때, 바울의 연약함이 우리에게 희망이 되고 있다.

바울의 권세를 갖고 교회 안에서 중요한 역할을 맡은 사람(부활하신 그리스도 자신에 의해 사명을 받은)은 자신의 불완전함 때문에 깨어지기 쉬운 존재일 수밖에 없다는 사실은 전적으로 놀라운 사실이다. 그리고 그는 자신의 불완전함에 대해서 털어놓고 있을 뿐 아니라 실제로 그는 그런 불완전한 면들을 타인을 위로하고 격려하기 위한 것들로 바꾸어 버린다. 이는 유혹하거나 속이는 사람의 방식이 아니다. 이는 깊고 겸손한 내적인 안전감, 그리고 정신적인 건강을 갖추었음을 보여주는 표시다. 이것이 내가 사랑하는 종류의 성격이다. 신뢰 말이다.

28장

아무 욕심 없이, 누구와도 비교할 수 없는 선교적 삶을 살았던 사람

바울은 기독교회 역사에서 가장 많은 열매를 맺은 선교사들 가운데 한 명이다. 범위, 희생, 그리고 그 결과에 있어서 그 시대 이후 거의 필적할 만한 사람이 없다. 하지만 그의 자랑은 혹독할 만큼 그리스도 안에서의 자랑일 뿐 결코 자기 자신에 기댄 자랑이 아니었다.

바울은 그리스도를 핍박하고 있는 중에 그리스도께 회심한 사람이다. 그의 장래의 동역자요 외과의사인 누가는 바울 인생의 상당부분을 기록하였는데, 바울의 회심 사건을 다음과 같이 기록하고 있다.

"사울이 주의 제자들에 대하여 여전히 위협과 살기가 등등하여 대제사장에게 가서…사울이 길을 가다가 다메섹에 가까이 이르더니 홀연히 하늘로부터 빛이 그를 둘러 비추는지라 땅에 엎드러져 들으매 소리가 있어 이르시되 사울아 사울아 네가 어찌하여 나를 박해하느냐 하시거늘 대답하되 주여 누구시니이까 이르시되 나는 네가 박해하는 예수라 너는 일어나 시내로 들어가라 네가 행할 것을 네게 이를 자가 있느니라 하시니"(행 9:1, 3-6).

그가 자리에서 일어났을 때, 그는 아무 것도 볼 수 없었다. 예수님께서 아나니아라는 한 사람을 보내어 그의 눈을 열어주셨고, 무슨 일이 일어난 건지를 설명하게 하셨다. 아나니아는 예수님께로부터 다음의 말씀을 받았다.

"주께서 이르시되 가라 이 사람은 내 이름을 이방인과 임금들과 이스라엘 자손들에게 전하기 위하여 택한 나의 그릇이라 그가 내 이름을 위하여 얼마나 고난을 받아야 할 것을 내가 그에게 보이리라 하시니" (행 9:15-16).

훗날 바울 자신이 직접 무슨 일이 있었는지를 말하는 대목에서, 그는 예수님께 받은 사명을 더 자세히 전하고 있다. 예수님은 그에게 다음과 같이 말씀하셨다.

"일어나 너의 발로 서라 내가 네게 나타난 것은 곧 네가 나를 본 일과 장차 내가 네게 나타날 일에 너로 종과 증인을 삼으려 함이니 이스라엘과 이방인들에게서 내가 너를 구원하여 그들에게 보내어 그 눈을 뜨게 하여 어둠에서 빛으로, 사탄의 권세에서 하나님께로 돌아오게 하고 죄 사함과 나를 믿어 거룩하게 된 무리 가운데서 기업을 얻게 하리라 하더이다"(행 26:16-18).

가장 위대한 선교사로의 삶

이렇게 해서 기독교 역사상 가장 용기있고, 희생적이고, 효과적인 선교 사역 가운데 하나가 시작되었다. 바울은 자신의 소명이 자신이 개척한 교회에 오래 머물며 사역하는 목사가 되는 것이 아니라, 그리스도인들이 없는 변방을 향하여 계속 밀고 나아가는 것임을 깨달았다. "또 내가 그리스도의 이름을 부르는 곳에는 복음을 전하지 않기를 힘썼노니 이는 남의 터 위에 건축하지 아니하려 함이라"(롬 15:20).

미답지를 향해 나아가려는 그의 꿈은 바울이 로마서에서 다음과 같이 말할 수 있었던 이유를 설명해준다: "표적과 기사의 능력으로 성령의 능력으로 이루어졌으며 그리하여 내가 예루살렘으로부터 두루 행하여 일루리곤까지 그리스도의 복음을 편만하게 전하였노라…이제는 이 지방에 일할 곳이 없고 또 여러 해 전부터 언제든지 서바나로 갈 때에 너희에게 가기를 바라고 있었으니 이는 지나가는 길에 너희를 보고 먼저 너희와 사귐으로 얼마간 기쁨을 가진 후에 너희가 그리로 보내주기를 바람이라"(롬 15:19, 23-24).

복음전도자도, 목사도 아닌, 개척선교사

"이제 이 지방에 일할 곳이 없다"고 그가 말한 이 지역에는 여전히 복음화되어야 할 많은 사람들이 있다는 사실을 우리는 알고 있다. 우리는 바울이 디모데를 이 지역을 위한 목사로 남겨두면서 그에게 "복음전도자의 직무를 감당하라"(딤후 4:5)고 말하고 있기에 이 사실을 잘 알고 있다. 하지만 바울은 자신을 단순한 복음전도자로 생각하지는 않았다. 복음전도자는 교회가 세워진 곳에서 사역하며, 교회를 기반으로 근처에 있는 사람들 가운데 회심자를 얻으려고 하는 사람이다.

바울의 소명과 꿈은 교회가 없는 곳에 복음을 전하는 일이었다. 이것이 내가 그를 목사나 복음전도자보다는 개척선교사로 부르는 이유이다. 물론 선교사라는 용어가 성경에는 나와 있지 않지만 말이다.

이 소명(교회가 없는 곳에 교회를 개척하는 일)을 감당하면서, 바울은 엄청난 고난의 대가를 치렀으며, 동시에 역사적으로 성공적인 사역을 해냈다. 내가 "역사적으로"라고 말한 것은 그의 생애가 끝나는 시점까지 예루살렘에서 북부 이탈리아까지 교회가 생겨났으며, 그후 수세기 동안 이 교회들이 제국 전체로 확산되었기 때문이다.

그렇다고 해서 바울은 회심자를 얻고 교회를 세운 후, 그들을 잊은 채 다른 데로 나아가기만 한 것처럼 보이지는 않는다. 신약성경에 나온 그가 쓴 13편의 서신들은 바울이 이 교회들을 얼마나 잘 보살폈는지를 증언하고 있다. 그는 그들을 위해 쉼없이 기도하였고, 편지를 썼다. 이 편지들은 선교사로서 바울의 위대함을 보여주는 또다른 증거이다.

하나님의 신실하심이라는 선물

이 모든 성공에도 불구하고 바울은 자기 자신에 대해서 자랑하지 않았다. 그는 그리스도 안에서 자랑하였다. 그는 자신의 사역의 의미를 과소평가하지 않았다. 그는 "이건 아무 것도 아닙니다"라고 말하지는 않았다. 그것은 아무 것도 아닌 게 아니다. 그것은 영광스러운 일이었다. 하지만 바울의 삶에 나타난 그리스도의 권능의 경험이 그로 하여금 그의 손에 있는 모든 열매가 하나님의 선물임을 깨닫게 해주었다.

"그러므로 내가 그리스도 예수 안에서 하나님의 일에 대하여 자랑하는 것이 있거니와 그리스도께서 이방인들을 순종하게 하기 위하여 나를 통하여 역사하신 것 외에는 내가 감히 말하지 아니하노라"(롬 15:17-18).

다시 말해서, 바울의 사역을 통하여 멋진 일들을 일어났으며, 그것들은 자랑할 만한 가치가 있는 것들이었다. 하지만 우리가 묻는 것은 바울이 누구 안에서 자랑할 것인가이다. 바울의 대답은 "자랑하는 자는 주 안에서 자랑하라"(고전 1:31)였다. "내게는 우리 주 예수 그리스도의 십자가 외에 결코 자랑할 것이 없으니"(갈 6:14). "우리는 그리스도 예수로 자랑하고 육체를 신뢰하지 않는다"(빌 3:3).

하나님께서 자라게 하신다

바울이 자신을 씨 뿌리는 자로 생각했든지 혹은 물 주는 자로 여겼든지 간에, 바울은 자신이 주 안에서 자랑할 뿐 자신이나 다른 사람들로 인해 자랑하지 않는 이유를 다음과 같이 분명히 밝힌다.

"그런즉 아볼로는 무엇이며 바울은 무엇이냐 그들은 주께서 각각 주신 대로 너희로 하여금 믿게 한 사역자들이니라 나는 심었고 아볼로는 물을 주었으되 오직 하나님께서 자라나게 하셨나니 그런즉 심는 이나 물 주는 이는 아무 것도 아니로되 오직 자라게 하시는 이는 하나님뿐이니라"(고전 3:5-7).

바울은 자신이 힘겨운 사역을 감당했다는 사실을 알고 있었다. 그는 자신이 고난을 많이 당했다는 것도 알고 있었다. 그는 또한 자신이 주님께 신실하였다는 것도 알고 있었다. 그는 자신의 사랑이나 수고를 부인하는 그 어떤 가식적인 겸손도 표현한 적이 없다. 도리어 그는 자신이 수고할 때, 그리스도께서 자기 안에서 자신을 통하여 결정적인 권능으로 역사하고 계셨다는 깊은 확신을 갖고 있었다.

"우리가 그를 전파하여 각 사람을 권하고 모든 지혜로 각 사람을 가르침은 각 사람을 그리스도 안에서 완전한 자로 세우려 함이니 이를 위하여 나도 내 속에서 능력으로 역사하시는 이의 역사를 따라 힘을 다하여 수고하노라"(골 1:28-29).

그리스도께서는 바울의 사역 속에서 가장 위대한 사역자이셨다

이것이 그리스도인의 삶의 역설이며 비밀이다. 특별히 바울이라고 하는 열매가 풍성한 선교사의 삶에 그 역설과 비밀이 나타났다. 즉 우리는 우리의 온 힘을 다하여 수고하지만, 그 수고의 가장 깊은 곳에서는 우리 안에서 역사하신 그리스도의 결정적인 역사이다. 그래서 바울은 자신의 삶을 다음과 같이 묘사하고 있는 것이다.

"그러므로 내가 육체 가운데 사는 것은 나를 사랑하사 나를 위하여 자기 자신을 버리신 하나님의 아들을 믿는 믿음 안에서 사는 것이라"(갈 2:20).

바울은 날마다, 시간마다 살아계신 그리스도께서 공급하시는 도움으로 살았다. 하지만 믿음은 그 속성상 우리가 자랑할 수 있는 어떤 것이 아니다. 믿음은 자기 자신이 아닌 내 바깥에 있는 타인을 향한 의존성을 가리키는, 우리 마음에 있는 어떤 것이다. 따라서 그리스도의 권능을 의지하는 삶은 선교에서의 놀랄만한 성공과 자기 자신을 자랑하지 않는 태도 간의 아름다운 결합을 이해할 수 있는 열쇠였다.

위대한 삶

이것이 내가 살펴보기를 좋아하는 그런 종류의 삶이다. 만약 전혀 놀랄만한 성공이 없었다면, 우리는 덜 감탄하고 덜 존경할 것이다. 그 겸손이 그렇게 놀랍게 다가오지 않을 것이다.

하지만 대단히 큰 성공을 거뒀으며, 그가 치른 대가가 엄청나면서도 영예는 겸비하게 그리고 기꺼이 그리스도께로 돌아가게 하며, 그러면서도 가식이나 속임 같은 것이 전혀 없을 때, 우리는 "참으로 위대한 삶입니다"라고 말한다. 나는 이 사람을 알고 싶다. 나는 조그맣게나마 그를 닮고 싶다.

29장

순전한 교리 추구와
가난한 자들을 향한 열정을 소유했던 사람

바울은 진리와 교리적 성숙을 위해 열정을 다하면서도 가난한 자들을 위해 실제적인 짐을 가차없이 담당하였으며, 자신의 전 사역을 통해 그가 했던 식으로 가난한 자들을 돌보는 일에 자신의 교회들을 참여시키려고 애를 썼다.

바울은 가난한 자들에 대해 낭만적인 견해를 갖고 있는 사람은 아니었다. 그는 가난이 모든 사람들을 겸손하고 하나님을 의지하는 사람으로 만들어줄 것이라고 생각하지 않았다. 구약성경은 다음과 같이 말한다: "가난한 자를 학대하는 가난한 자는 곡식을 남기지 아니하는 폭우 같으니라"(잠 28:3).

그는 아마도 자신의 모든 빚을 탕감 받은 가난한 종이 다른 가난한 사람의 목을 비트는 것을 묘사한 예수님의 비유를 알고 있었을 것이다(마 18:23-35). 따라서 바울은 "가난한 자의 송사라고 해서 편벽되이 두둔하지 말지니라"(출 23:3)라는 율법의 말씀도 알고 있었을 것이다.

하나님은 압제를 미워하신다

바울은 또한 가난한 자들이 특히 권력과 돈을 가진 자들로부터 부당한 대우를 받기 쉽다는 사실도 알고 있었다. 그는 하나님께서 권력자들에 의한 약한 자들에 대한 압제를 싫어하신다는 것도 알고 있었다. 그는 그것을 구약성경의 선지자로부터 알게 되었을 것이다:

"사마리아의 산에 있는 바산의 암소들아 이 말을 들으라 너희는 힘 없는 자를 학대하며 가난한 자를 압제하며…주 여호와께서 자기의 거룩함을 두고 맹세하시되 때가 너희에게 이를지라 사람이 갈고리로 너희를 끌어 가며 낚시로 너희의 남은 자들도 그리하리라"(암 4:1-2).

그는 이 사실을 예수님과 복음서를 통해 알았으며, 야고보도 마찬가지로 거기서 이 사실을 알았을 것이다:

"보라 너희 밭에서 추수한 품꾼에게 주지 아니한 삯이 소리 지르며 그 추수한 자의 우는 소리가 만군의 주의 귀에 들렸느니라. 너희가 땅에서 사치하고 방종하여 살륙의 날에 너희 마음을 살찌게 하였도다. 너희는 의인을 정죄하고 죽였으나 그는 너희에게 대항하지 아니하였느 니라"(약 5:4-6).

그러므로 하나님께서는 가난한 자를 보호하는 법을 만드셨으며, 하나님의 지혜자들은 이런 착취를 경고하고 있다:

"곤궁하고 빈한한 품꾼은 너희 형제든지 네 땅 성문 안에 우거하는 객이든지 그를 학대하지 말며"(신 24:14).

"가난한 사람을 학대하는 자는 그를 지으신 이를 멸시하는 자요 궁핍한 사람을 불쌍히 여기는 자는 주를 공경하는 자니라"(잠 14:31).

물론 예수님은 가난한 자들과 쫓겨난 자들을 유례없는 긍휼로 돌보아주셨다. 예수님은 자신의 제자들에게도 그들이 끝없이 자신의 가난한 동료 그리스도인들을 향해 인색하지 않아야 한다고 말씀하셨다. 이는 그들이 가난한 형제들에게 한 것이 예수님 자신에게 한 것이기 때문이라고 하신다.

"그 때에 임금이 그 오른편에 있는 자들에게 이르시되 내 아버지께 복받을 자들이여 나아와 창세로부터 너희를 위하여 예비된 나라를 상속받으라 내가 주릴 때에 너희가 먹을 것을 주었고 목마를 때에 마시게 하였고 나그네 되었을 때에 영접하였고 헐벗었을 때에 옷을 입혔고 병들었을 때에 돌보았고 옥에 갇혔을 때에 와서 보았느니라…임금이 대답하여 이르시되 내가 진실로 너희에게 이르노니 너희가 여기 내 형제 중에 지극히 작은 자 하나에게 한 것이 곧 내게 한 것이니라 하시고"(마 25:34-36, 40).

가난한 자들을 향한 사도적 열정

내가 이런 말을 한 것은 이것이 바울과 다른 사도들이 가난한 자들을 돌보는 일을 아주 중요한 우선순위로 정한 이유를 설명하는 배경이 되기 때문이다. 바울이 베드로와 야고보와 요한을 만났을 때, 큰 이슈는 그들이 서로간의 사도권을 인정해줄 것인가 하는 것이었다. 그들은 그렇게 하였다. 하지만 그것만이 이슈의 전부는 아니었다. 바울은 이 초대 교회의 "기둥들"이 우리에게 가난한 자들을 기억해달라고 요청하였다고 보고하고 있다. 바울은 그 사역을 "나도 본래부터 힘써 행하여 왔던 일"(갈 2:9-10)이라고 묘사하였다. 힘써 열정적으로 행한 일이었다.

따라서 우리는 바울의 서신들 곳곳에서와 사도행전에 나오는 그의 삶의 이야기들을 통해서, 그가 가난한 자들을 위해, 특별히 예루살렘에 사는 가난한 자들을 위해 모금을 한 일을 보게 된다.

고린도후서 8-9장은 마게도냐의 교회들처럼 고린도의 그리스도인들도 넉넉하게 구제해야 한다는 주장을 확장하고 있는 서신이다.

그리고 나서 로마서에서 바울은 이 구제헌금을 했던 두 중심적인 지역들 언급하고 있다. 그는 "이는 마게도냐와 아가야 사람들이 예루살렘 성도 중 가난한 자들을 위하여 기쁘게 얼마를 연보하였음이라"(롬 15:26)라고 말하고 있다. 끝으로 누가는 바울이 모금한 돈을 실제 예루살렘 교회에 전달하는 내용을 기록하고 있다: "여러 해 만에 내가 내 민족을 구제할 것과 제물을 가지고 와서"(행 24:17).

교리적 순수성과 가난한 자들을 향한 의무

가난한 자들의 필요에 눈감지 않는 이 사람이 참 멋지지 않은가. 하지만 이 사람이 특별히 내게 매력적이었던 것은 우리 시대에는 종종 가난한 자들을 돌보는 것을 강조하는 지도자들과 교리적인 신실성을 강조하는 이들 사이에 뚜렷한 구별이 존재하기 때문이다.

진리와 교리를 사랑하는 자들은 가난한 자들을 돌보는 것을 강조하면 성경적인 교리를 덜 중시하는 일이라고 생각한다. 반대로 가난한 자들을 돌보는 일을 좋아하는 이들은 교리를 강조하면 가난한 자들을 돌보는 일에 무관심하게 된다고 의심한다. 이 두 의구심 모두 어떤 시대에 어떤 곳에서는 정당화된다.

따라서 나는 바울이 이 두 전형적인 사람들 중 어느 하나로 축소될 수 없다는 사실에 깊은 인상을 받았다. 바울은 교리적인 도움을 통해 자기 교회들의 영혼들을 돌보았으며, 또한 물질적인 도움을 통해 교회 안에 가난한 자들도 돌봐주었다. 둘 모두를 잘 해냈다. 그는 교리적으로 알찬 편지를 써서 교회들을 도왔다.

"이는 성도를 온전하게 하여 봉사의 일을 하게 하며 그리스도의 몸을 세우려 하심이라 우리가 다 하나님의 아들을 믿는 것과 아는 일에 하나가 되어 온전한 사람을 이루어 그리스도의 장성한 분량이 충만한 데까지 이르리니, 이는 우리가 이제부터 어린 아이가 되지 아니하여 사람의 속임수와 간사한 유혹에 빠져 온갖 교훈의 풍조에 밀려 요동하지 않게 하려 함이라"(엡 4:12-14).

그는 사람들이 가난한 고통 때문보다는 거짓 가르침의 바람 때문에 더 비참하게 죽는다는 것을 알고 있었다. 물리적인 굶주림 때문에 지옥에 떨어지는 사람은 없다. 하지만 영적인 굶주림은 수많은 사람들을 희망 없이 무덤에 가게 만들었다. 바울은 그리스도인들은 모든 고난, 특별히 영원한 고난으로부터 사람들을 구해야 한다고 다른 누구보다도 더 강하게 말한 사람이었을 것이다(엡 4:28; 살후 1:9).

구원의 체현

그러므로 바울은 온전한 진리를 말하는 위대한 교리적인 사역에 투신하였으며, 또한 가난한 자들을 먹이는 긍휼 사역에도 자신을 헌신하였다. 그는 영혼에게는 구원을 주었고, 몸에는 구제를 주었다. 그는 구원을 가져다주었는데, 이 구원 안에는 실재에 대한 새로운 확신과 상처받은 사람들을 향한 새로운 긍휼이 포함되어 있다고 표현하는 것이 더 낫겠다.

구원은 사람을 이기적인 사람에서 상처 받은 이들을 사랑하는 삶으로 영원히 변화시키며, 착취하는 자에서 착취 받는 자들 편에 서는 사람으로 변화시킨다.

바울은 이 구원을 체현한 사람이다. 그는 쉽게 한 전형으로 규정할 수 없는 사람이다. 내가 그가 영원을 위하여 진리를 다루는 것을 보고 배고픈 자들을 위해 돈을 다루는 것을 보았을 때, 나는 깊이 존경할 만한 그 무언가를 보았다. 이는 내가 이 사람을 향하여 깊이 존경할 수밖에 없게 만드는 확신과 긍휼 간의 멋진 결합이다.

7부

바울이 줄 수 있는 가장 위대한 선물

30장

성경의 가장 위대한 장이며, 나의 삶의 가장 위대한 약속을 주었던 사람

"위대한 8장"(바울의 로마서 8장)에서 바울은 예수님의 죽음과 "모든 것"을 받는 확실성 간의 연결을 보여주고 있다. 이를 통해 바울은 성경에서 내가 가장 좋아하며, 가장 압도적이고, 가장 소망을 주는 구절인 로마서 8:32을 내게 주었다.

그가 말하는 것이 여러분 영혼 깊은 곳까지 파고들어 당신이 모든 것에 관해 생각하던 방식을 변화시킨다면, 그리고 그 변화가 소망 가득한 변화라면, 여러분은 그 사람을 사랑하게 될 것이다. 이것이 바울이 나를 위해서 한 일이라고 말할 수 있다.

이런 일은 내가 로마서 8:32이 모든 것을 포괄하는 하늘의 논리라는 사실을 깨달았을 때 찾아왔다. 그때 내 나이 23살이었다.

이전에는 한번도 본 적이 없는 것처럼 내가 이 구절을 보았을 때, 하하나님께서는 그 말씀을 내 영혼 속에 깊이 새겨두셨으며, 그로 인해 이 구절은 내 삶속에서 두고두고 실제적이고 소망을 주고 삶을 변화시키는 능력이 되었다. 나는 이 경험과 이 말씀을 한 사람을 분리시킬 수 없다.

당신이 흔들릴 때 서 있을 수 있는 굳건한 자리를 마련해주는 성경 안에 있는 많은 구절들 가운데 이 구절이 다른 어떤 구절보다 나에게는 기초석이 되어 주었다.

"자기 아들을 아끼지 아니하시고 우리 모든 사람을 위하여 내주신 이가 어찌 그 아들과 함께 모든 것을 우리에게 주시지 아니하겠느냐"(롬 8:32).

아이들도 '아 포르티오리'(a fortiori) 논증들을 이해한다

로마서 8:32은 바울의 로마서 전반부 8장의 논증(argument가 정확한 표현이다)을 핵심적으로 요약한 구절이다. 이 가장 위대한 서신들에는 논리가 있다. 나는 그것을 하늘의 논리라고 부른다.

이런 종류의 논리에는 전문적인 명칭이 있다. 당신이 그 논리의 명칭을 알 수도 있고 모를 수도 있지만, 당신은 분명 그것을 사용하는 법은 알고 있을 것이다.

당신은 그것을 논증이라고 부를 수 있고 혹은 논리라고도 부를 수 있다. 그 전문적인 명칭은 '아 포르티오리'(a fortiori)이다. 이는 라틴어로 "더 강한 것으로부터"라는 뜻이다. 이런 뜻이다. 만약 당신이 당신의 역량을 발휘하여 힘든 일을 성취할 수 있다면, 당신은 분명 당신의 역량을 발휘하여 더 쉬운 일을 성취할 수 있다. 이것이 '아 포르티오리' 논증이다.

당신의 자녀에게 "옆집에 가서 스미스씨에게 펜치를 빌려와 주렴"이라고 부탁한다고 생각해보자. 그런데 당신의 자녀가 "하지만 만약 스미스씨가 펜치를 빌려주지 않으면 어떻게 하죠?"라고 묻는다. 그럼 여러분은 스미스씨는 그 펜치를 꼭 빌려줄 것이라 것을 어떻게 자녀에게 설득할 수 있겠는가? '아 포르티오리' 논증을 사용하여 보라!

논증은 다음과 같이 전개된다. 당신은 자녀에게 "어제, 스미스씨가 하루 종일 자기 차를 쓰라고 우리에게 빌려주었단다. 만약 그가 자기 차를 기꺼이 빌려주었다면, 자기 펜치를 빌려주는 것은 더 기꺼이 하지 않을까?"

아이들이라도 이 '아 포르티오리' 논증을 이해할 수 있다. 차를 빌려주는 일이 펜치를 빌려주는 것보다 더 큰 희생이다. 따라서 펜치를 빌려주는 것보다는 차를 빌려주기가 더 어렵다. 만약 더 힘든 일을 기꺼이 할 마음이 있다면, 더 쉬운 일은 더 기꺼이 하려고 할 것이다. 이것이 우리가 사용하는 '아 포르티오리' 논증이다.

바울의 환상적인 '아 포르티오리'

이제 바울이 역사상 가장 위대한 사건을 두고 이같은 논증 방법을 사용하고 있는 것을 보자. 그는 하나님께서 "자기 아들을 아끼지 아니하시고 우리 모든 사람을 위하여 내주신다"고 하신다. 이것은 어려운 일이다. 하나님께서 "그 아들과 함께 모든 것을 우리에게 주실 것이라고 하신다." 이건 더 쉬운 일이다. 이 논증이 무감각한 낯익음 사이를 뚫고 들어가면, 그것은 영광스럽게도 소망으로 가득차고 모든 것을 아우르는 진리가 된다.

나는 내 생애 내내 이 구절을 읽어왔다. 내가 23살 때 처음으로 이 논리(이 하나님께서 영감하신 논리, 이 거룩하고 하늘에 속한 영광스럽고 다 헤아릴 수 없는 논리)가 내 영혼 속에 스며들어와 자리잡았고, 그 논리는 흔들 수 없는 기초가 되었으며, 소망과 능력의 산 뿌리가 되었다. 그것은 실제적이고, 소망을 주며, 삶을 변화시키는 능력의 대리인이 되어 주었다. 그 논리는 평생을 걸쳐 지속되는 생생한 능력의 대리인이 되어 주었다. 잠시 그 이유를 설명하려고 한다. 잠시 첫째 초점을 이 구절의 두 절반 부분들의 내용에 맞추려 한다.

영원한 행복을 가로막는 가장 큰 장애물

첫째, 로마서 8:32의 전반부를 나와 함께 살펴보자. "자기 아들을 아끼지 아니하시고 우리 모든 사람을 위하여 내주신 이가"

　우리와 영원한 행복 사이를 가로막는 가장 큰 장애물은 무엇인가? 하나의 장애물은 우리의 죄이다. 우리는 모두 죄인들이다(롬 3:23). 죄의 삯은 영원한 사망이다(롬 6:23). 다른 장애물은 하나님의 진노이다. 만약 하나님께서 우리의 죄책에 대해 정당하게 진노하셨다면, 우리는 영원한 행복을 누릴 소망을 전혀 가질 수 없게 된다. 바울은 하나님의 진노 아래 있다는 사실에 대해 전혀 의문의 의지를 남겨두지 않는다. 우리는 실제로 "다른 이들과 같이 본질상 진노의 자녀이다"(엡 2:3).

　이것들이 우리와 영원한 행복 사이를 막는 가장 큰 장애물들로 보인다. 정말 그런가? 나는 더 큰 장애물이 있다고 생각한다. 그건 우리가 극복하기가 더 힘든 장애물이다. 바울이 여기 로마서 8:32 전반부에서 그것을 가리키고 있다. 이 장애물은 자기 아들의 아름다움과 명예를 향한 하나님의 무한한 사랑과 기쁨이다.

　만약 여러분이 로마서 8:32의 전반부에서 이 장애물을 듣지 못하는 것은 아닌지 살펴보라: "자기 아들을 아끼지 아니하시고 우리 모든 사람을 위하여 내주신 이가"

　바울은 우리가 자기 아들이라는 표현과 아끼지 않는다라는 표현 사이에 존재하는 엄청난 긴장을 느끼기를 기대하고 있다. 이는 그동안 해온 것 중에서 가장 힘든 일이라는 말로 들리길 기대하신 것이다. 하나님의 자기 아들 희생! "자기 아들"

어떻게 하나님은 자신의 하나뿐인 아들을 내어줄 수 있었는가?

바울이 예수님을 하나님의 아들로 부를 때, 초점은 그같은 다른 아들이 없으며, 그는 아버지에게는 한없이 소중한 아들이라는 사실이다. 예수님께서 이 땅에 사시는 동안 하나님께서 두 차례에 걸쳐 "이는 내 사랑하는 아들이요"라고 말씀하셨다(마 3:17; 17:5). 골로새서 1:13에서 바울은 "그의 사랑의 아들"이라고 예수님을 부르고 있다.

예수님 자신이 스스로 소작인의 비유를 말씀하시면서, 주인의 종들이 수확한 것 중에서 주인에게 속한 것을 받으러 갔을 때 사악한 소작인들에 의해 매를 맞고 죽임을 당하였다고 말한다. 놀랍게도 이 주인은 정당하게 그의 소유인 것을 받으러 자기 아들을 보내기로 결정한다. 예수님은 이 그림에서 하나님을 다음과 같은 말로 묘사한다: "이제 한 사람이 남았으니 곧 그가 사랑하는 아들이라"(마 12:6). 한 아들은 하나님 아버지께서 소유하신 전부이다. 그는 그를 한없이 사랑하셨다.

로마서 8:32의 초점은 하나님의 이 자기의 하나 뿐인 아들을 향한 사랑이 하나님과 우리의 구원 사이를 가로막는 엄청난 장애물, 에베레스트 산과 같은 장애물이라는 점이다. 이는 우리 힘으로는 극복할 수 없는 장애물이었다. 하나님께서는 자신이 사랑하고 애정하고 존경하고 소중하게 여기며, 열렬하고, 무한하고, 애정 가득한 그의 아들과의 연대감을 극복하고, 도살되어서 선반에 걸린 동물처럼 그 아들이 방치되고 배신당하고 거절당하고 버려지고 조롱당하고 끌려가서 맞고 침 뱉음을 당하고 십자가에 달려 창으로 찔리도록 넘겨줄 수 있었을까?

하나님은 아들을 아끼지 않고 보내셨다

그가 실제로 그렇게 하셨는가? 만약 그랬다면, 우리는 그 장애물 이면에서 그가 추구한 목표가 무엇이었든지 간에 결코 실패하지 않을 수 있을 것이라는 점을 전적으로 알 수 있을 것이다. 그보다 더한 장애물은 있을 수 없다. 따라서 그가 추구하고 있었던 것이 무엇이었든지 간에 일어난 일만큼이나 좋은 일이 된다.

로마서 8:32이 인정하는 상상할 수 없는 실재는 하나님께서 그것을 행하셨다는 점이다. 하나님께서 자기 아들을 내어주셨다. 하나님께서 그를 아끼지 않으셨다. 당신은 이렇게 물을 수도 있을 것이다. 유다가 그를 넘겨주지 않았는가(막 3:19)? 빌라도가 그를 넘겨주지 않았는가(막 15:15)? 헤롯과 군중들이 그를 넘겨주지 않았는가(행 4:27-28)? 가장 참담한 일이지만, 우리가 그를 넘겨주지 않았는가(고전 15:3; 갈 1:4; 벧전 2:24)? 아마 가장 놀라운 사실일 것인데, 예수님은 스스로 자신을 넘겨주지 않았는가(요 10:17; 19:30)? 이 모든 질문들에 대한 대답은 "그렇다"이다.

하지만 로마서 8:32에서 바울은 이 모든 죽음의 대리인들, 즉 모든 도구들을 다 통과하고 있다. 그는 가장 상상할 수 없는 것에 대해 말

한다: 이 모든 인간 대리인들 안에서, 배후에서, 아래에서, 통해서 하나님께서 자신의 아들을 죽임에 넘겨주셨다. "그가 하나님께서 정하신 뜻과 미리 아신 대로 내준 바 되었거늘 너희가 법 없는 자들의 손을 빌려 못 박아 죽였으나"(행 2:23).

유다와 빌라도와 헤롯과 무리와 이방인 군인들과 우리의 죄와 예수님의 어린양으로서의 순종 안에서, 하나님 자신이 자기 아들을 넘겨주셨다. 이보다 더 위대하고 더 힘겨운 일은 일어나지 않았다. 앞으로도 그럴 것이다.

더 쉬운 논증의 부분

따라서 바울의 '아 포르티오리'(a fortiori) 논증에서 하나님은 우리에게 영원한 행복을 주시려고 가장 힘든 일을 행하셨다. 그는 자신의 아들을 아끼지 않으셨고, 그를 우리 모두를 위하여 내어주셨다. 이것은 우리에게 무엇을 보장해주는가? 바울은 수사적 질문의 형식으로 그것을 표현한다(그가 우리가 즉각적이면서도 올바른 대답을 하도록 기대하며 던진 질문이라는 뜻이다): 어찌 그 아들과 함께 모든 것을 우리에게 주시지 아니하겠느냐?

바울은 우리가 이것을 강력하고 분명한 진술로 전환하기를 기대하고 있다: "그는 아주 분명히 그 아들과 함께 우리에게 모든 것을 풍족하게 주실 것이다."

"하나님께서 자기 아들을 아끼지 아니하시고 우리 모두를 위하여 내어 주셨으니, 그는 분명히 그와 함께 모든 것을 우리에게 주실 것이다."

모든 것이라니! 이는 어려움 없는 삶에 대한 약속은 아니다. 넉 절 후에 바울은 "우리가 종일 주를 위하여 죽임을 당하게 되며 도살당할 양 같이 여김을 받았나이다"(롬 8:36)라고 말하고 있다.

"그가 우리에게 모든 것을 주실 것이다"라는 것은 우리가 그의 뜻을 위해 해야 할 필요가 있는 모든 것을 의미한다. 그것은 우리가 그를 영화롭게 하기 위해 해야 할 모든 일이다. 모든 것은 미리 정하신 그들을 또한 부르시고, 부르신 그들을 또한 의롭다 하시고, 의롭다 하신 그들을 또한 영화롭게, 즉 영원한 행복에 이르도록 이동하는 것을 의미한다(8:30).

하나님께서 자기 아들을 아끼지 않으시고 우리 모두를 위하여 내어 주셨기에,

- 모든 것은 합력하게 선을 이룰 것이다(28절)
- 우리는 그의 아들의 형상을 본받게 될 것이다(29절)
- 우리는 영화롭게 될 것이다(30절)
- 아무도 우리를 대적하는 데 성공하지 못할 것이다(31절)
- 아무도 우리를 고소하지 못할 것이다(33절)
- 그 무엇도 우리를 그리스도의 사랑에서 끊을 수 없을 것이다(35절)

- 환난과 곤고와 박해와 배고픔과 벌거벗음과 위험과 칼 속에서도, 우리는 이길 것이다(35-37절)
- 사망이나 생명이나 천사들이나 권세자들이나 현재 일이나 장래 일이나 능력이나 높음이나 깊음이나 다른 어떤 피조물이라도 우리를 우리 주 그리스도 예수 안에 있는 하나님의 사랑에서 끊을 수 없을 것이다(38-39절)

내 모든 소망은 로마서 8:32에 있다

이제 우리는 처음으로 다시 돌아간다. 나는 23살 때 이 하늘의 논리가 내 영혼 깊은 곳까지 뚫고 들어와 내가 모든 것을 생각하는 방식을 변화시켰다고 했다. 그리고 그 변화는 소망으로 가득 찼다고 하였다. 내가 말하고자 한 것은 이것이다. 이 하늘의 논리는 아들을 아끼지 않으시는 아버지가 내가 신뢰하고 신뢰할 모든 약속을 확실한 것이 되게 해준다는 것이다. 모든 약속들(모든 것)은 로마서 8:32의 논리에 의해 보장되고 있다.

바울은 "하나님의 약속은 얼마든지 그리스도 안에서 예가 되니"(고후 1:20)라고 말한다. 이것은 아버지가 자기 아들을 아끼지 않으시기 때문이다. 그가 이렇게 하신 것은 모든 것(모든 약속)이 자신을 신뢰하는 모든 자들에게 절대적으로 확실한 것이 되게 하기 위해서였다.

나는 이 하나님의 약속을 붙들고 인생의 전투에 나섰다. 이 싸움은 두려움과 욕망과 탐욕과 교만과 분노와 맞선 싸움들이었다. 또한 용기와 순결함과 자족과 겸손과 평화와 사랑을 위한 싸움들이었다. 이 모든 싸움들은 하나님의 말씀(하나님의 약속)으로 싸웠다.

이 모든 싸움들의 배후에 이 하늘의 논리가 있다: "나는 내 아들을 아끼지 않았다. 그러므로 너희를 향한 약속은 실패할 수 없다. 나는 너희를 도울 것이니 가라. 내가 너를 불러 하게 한 것을 감당하라." 하늘의 논리는 모든 것을 포괄하며, 모든 것에 스며들며, 가장 값진 논리이다.

이 논리들을 보여주는 사람에 대해 내가 어떤 감정을 느낄 것 같은가? 그를 사랑하지 않겠는가? 하나님께서는 내가 그를 사랑하고 있다는 것을 아신다.

내가 바울을
사랑하는
30가지 이유

나가는 글

마지막 나의 고백
: 나를 향한 바울의 그리스도를 체현하는 사랑

나의 목표는 여러분이 사도 바울, 즉 그가 가르친 것과 그가 살았던 삶의 방식을 알아가는 과정에서 길을 제시해주는 것이다. 이 목표 배후에 이 하나님께 매료된 영혼과 비교 불가한 예수 그리스도에 관한 그의 비전과 그의 삶의 진정성을 알아서 여러분이 그를 존경하고, 그의 메시지를 믿고, 그분의 주님을 영접하게 되는 것이 나의 소망이고 기도제목이다.

바울은 나에게 신뢰를 주었다. 나는 그를 속이는 자나 속임을 당한 자로 볼 수 없다. 그 삶과 가르침 속에서, 나는 한 위기와 직면했다. 그것은 내 삶의 의미를 결정하는 거대한 위기이며, 또한 나의 영혼의 운명을 결정하는 큰 위기이기도 했다. 바울은 심판의 날이 온 세상에게 다가오고 있다고 말했다. 그날 그는 "나의 복음에 이른 바와 같이 하나님이 예수 그리스도로 말미암아 사람들의 은밀한 것을 심판하신다"(롬 2:16)라고 말한다.

내 삶과 내 마음의 은밀한 죄들(내가 행하는 모든 행위들을 타락시키는 이기심이라는 그릇된 동기들)을 생각할 때, 나는 죄의 삯은 사망이라고 말씀하신 (롬 6:23), 한없이 거룩하신 하나님 앞에서 심판 받는다는 생각을 하면 끔찍함과 무기력함을 느낀다. 바울은 이 두려움이 지혜롭고 충분히 근거가 있음을 보여주었다. "높은 마음을 품지 말고 도리어 두려워하라"(롬 11:20).

따라서 나의 위기는 실제적이다. 바울은 그것을 알았다. 그리고 그것을 인정하였다. 그는 좋은 의사이며, 불치의 병을 가볍게 여기지 않고 있다.

그는 정직했으며, 그의 주인처럼 그는 나를 사랑했다. 그는 나를 한 번도 본 적이 없지만, 그는 하나님 앞에서 나의 가망없고 죄악된 상태를 진단해주었다. 그는 나를 진리의 눈으로 보았고 진리를 말해주었다. 내 안에는 아무 소망도 없었다. 그런데 끝없는 고난의 삶을 통하여, 그는 나에게 구원과 생명과 소망이 있음을 보여주고 가르쳐주기 위해 애를 썼다. 그는 그 소중함을 내가 느낄 수 있도록 개인적인 간증의 형식으로 다음과 같이 표현해주고 있다.

"또한 모든 것을 해로 여김은 내 주 그리스도 예수를 아는 지식이 가장 고상하기 때문이라 내가 그를 위하여 모든 것을 잃어버리고 배설물로 여김은 그리스도를 얻고 그 안에서 발견되려 함이니, 내가 가진 의는 율법에서 난 것이 아니요 오직 그리스도를 믿음으로 말미암은 것이니 곧 믿음으로 하나님께로부터 난 의라"(빌 3:8-9).

악몽 같은 어둠에서 소망의 빛이 동터오는데, 그것은 바로 의(righteousness)이다. 그런데 그것은 나의 의가 아니다. 그 의는 하나님으로부터 온 것이니 나로부터 말미암은 것이 아니다. 하지만 내가 그리스도 안에서 발견될 수 있다면, 그 의는 나의 것으로 간주될 것이다.

그럼 내가 어떻게 그리스도 안에 있는 것으로 발견될 수 있는가? 율법을 행함으로가 아니라 믿음으로 가능하다. 이는 그리스도를 믿는 믿음을 통해 오는 의이다. 그 의는 하나님으로부터 오며 믿음에 근거한 의이다. 이는 최후의 심판 때, 그리스도께는 나의 대적이 아니라 나를 변호하는 분이 되실 것이라는 뜻이다.

마틴 루터는 만약 이 소식이 참이라면, 그는 기쁨으로 머리를 들 것이라고 말했다. 나는 그가 약속을 지켰을 것이며, 바울의 복음이 세상을 뒤집었을 때, 모든 비텐베르크 사람들이 펄쩍 뛰며 기뻐하였을 것이라고 생각한다.

바울은 세 번이나 "내가 거짓말을 하지 않고 있다"라고 말하였다.

"내가 그리스도 안에서 참말을 하고 거짓말을 아니하노라 나에게 큰 근심이 있는 것과 마음에 그치지 않는 고통이 있는 것을 내 양심이 성령 안에서 나와 더불어 증언하노니"(롬 9:1).

"주 예수의 아버지 영원히 찬송할 하나님이 내가 거짓말 아니하는 것을 아시느니라"(고후 11:31).

"이를 위하여 내가 전파하는 자와 사도로 세움을 입은 것은 참말이요 거짓말이 아니니 믿음과 진리 안에서 내가 이방인의 스승이 되었노라"(딤전 2:7).

그는 정직하게 이 사실을 말하였을 것이다. 왜냐하면 우리가 부활하신 그리스도의 진실한 대변인인 바울을 거절한다면, 우리는 그 날에 있을 모든 소망을 거절하고 있는 것임을 알고 있었기 때문이다. 바울은 이 무게를 느끼고 있었다. 그는 그 자신의 진실함과 그 독자들이 자신을 거짓말쟁이나 속이는 자로 여겨 자신을 거절하는 것이 갖는 의미 사이의 상관성을 잘 알고 있었다.

나는 그가 눈물 어린 눈으로 나를 보고 있다는 사실을 알 수 있다(롬 9:2; 10:1; 빌 3:18). 그리고 나는 그가 나에게 매우 개인적으로 말하고 있는 것을 듣는다: "나는 아무에게도 누를 끼치지 아니하였다…왜 그랬는가? 내가 너희를 사랑하지 않아서인가? 하나님께서 내가 사랑하는 것을 알고 계신단다"(고후 11:9, 11).

그렇다. 그는 사랑한다. 이 사랑 안에서, 그는 그리스도의 사랑의 체현이다. 나를 위해서 말이다. 다른 사도인 요한의 말을 사용하여 표현하자면, 다음과 같다: "핵심은 내가 바울을 사랑한 것이 아니라 바울이 나를 사랑한 것이다." 그가 나에게 우리 모두를 사랑하셔서 우리에게 자신을 내어주신 그리스도의 사랑을 부어주었다는 것이다(요일 4:10을 보라). 그것이 모든 차이를 만들어냈다.

사명선언문

너희가 흠이 없고 순전하여……세상에서 그들 가운데 빛들로
나타내며 생명의 말씀을 밝혀 _ 빌 2:15-16

1. 생명을 담겠습니다
만드는 책에 주님 주신 생명을 담겠습니다.
그 책으로 복음을 선포하겠습니다.

2. 말씀을 밝히겠습니다
생명의 근본은 말씀입니다.
말씀을 밝혀 성도와 교회의 성장을 돕겠습니다.

3. 빛이 되겠습니다
시대와 영혼의 어두움을 밝혀 주님 앞으로 이끄는
빛이 되는 책을 만들겠습니다.

4. 순전히 행하겠습니다
책을 만들고 전하는 일과 경영하는 일에 부끄러움이 없는
정직함으로 행하겠습니다.

5. 끝까지 전파하겠습니다
모든 사람에게, 땅 끝까지, 주님 오시는 그날까지
복음을 전하는 사명을 다하겠습니다.

서점 안내

광화문점 서울시 종로구 새문안로 69 구세군회관 1층
02)737-2288 / 02)737-4623(F)

강남점 서울시 서초구 신반포로 177 반포쇼핑타운 3동 2층
02)595-1211 / 02)595-3549(F)

구로점 서울시 동작구 시흥대로 602, 3층 302호
02)858-8744 / 02)838-0653(F)

노원점 서울시 노원구 동일로 1366 삼봉빌딩 지하 1층
02)938-7979 / 02)3391-6169(F)

분당점 경기도 성남시 분당구 황새울로 315 대현빌딩 3층
031)707-5566 / 031)707-4999(F)

일산점 경기도 고양시 일산서구 중앙로 1391 레이크타운 지하 1층
031)916-8787 / 031)916-8788(F)

의정부점 경기도 의정부시 청사로47번길 12 성산타워 3층
031)845-0600 / 031)852-6930(F)

인터넷서점 www.lifebook.co.kr